CROWDFUNDING

世界一わかりやすい クラウドファンディングの教科書

株式会社未来総合研究所
代表取締役　若尾　拓之

クラウドファンディング本の決定版！

まえがき――クラファンで夢を実現しよう！

インターネットの進化に伴い、資金調達の方法も大きな変革を遂げました。その中でもクラウドファンディング（以下クラファン）は、革新的な手段として注目を集め、多くの起業家、アーティスト、そしてコミュニティが自身の夢やプロジェクトを実現するための強力な武器となっています。

クラファンとは、アイデアやプロジェクトに賛同する多くの人々から少額ずつ資金を集める手法です。この手法は、従来の投資や融資とは異なり、プロジェクトの魅力や価値を直接支援者に伝えることで共感を生み、資金調達を行います。

これにより、銀行などの金融機関やベンチャーキャピタル・投資家に依存することなく、資金を集めることが可能になりました。

本書では、クラファンの基本的な概念から、具体的な成功事例やプロジェクト運営のノウハウまで幅広く解説しています。

「クラファンをやりたいけど、何から始めたらいいかわからない」と悩む初心者の方には、うってつけの入門書になります。

さらに、クラファンを活用して夢を実現したいと考えるすべての方にも役立つ内容となっています。

クラファンは、単なる資金調達の手段にとどまらず、プロジェクトを通じて共感を得るコミュニティの形成、マーケティングの一環としての効果、さらには事業成長の足掛かりとなる可能性を秘めています。

特に、初期段階のプロジェクトにおいては、支援者からのフィードバックや支援者コミュニティの力が、プロジェクトの成功を大きく左右します。

本書では、この新しい資金調達の形を理解し、成功するためのポイントやリスク管理、プロジェクト計画の立て方についても詳しく説明します。

さらに、クラファンを通じてプロジェクトをどのように成長させ、持続可能なビジネスに展開していくかについても触れています。

この本を通じて、クラファンの力を借りて自らのビジョンを形にする方法を学び、多くの人々と共に未来を創造する力を得ることを目指しています。あなたのプロジェクトが、支援者と共に成功するための第一歩として、本書を参考にしていただければ幸いです。

若尾　拓之

第1章 コロナ後のクラウドファンディングはこう変わった！

第2章 まずは「クラファン運営の基礎知識」を学ぼう

第5章 効果的なマーケティング戦略とは

第6章 クラウドファンディング期間中の戦略

第1章
コロナ後のクラウドファンディングはこう変わった！

◉クラウドファンディングで人生が変わった人々

クラウドファンディング（以下クラファン）とは、インターネットを通じて多くの人々から少額から資金を集める方法のことです。これにより、新しい商品・サービスの資金調達が可能になります。

私はこれまで、38組の方のクラファンのプロジェクトをサポートしてきました。支援金額は1件平均約200万円以上、トータル9,000万円以上もの資金調達を実現しています。

その中で、プロジェクトで成功された数人をご紹介したいと思います。

金藤克也さんは、東日本大震災復興支援のために神奈川県から南三陸に移住し、南三陸産の高級わかめを食べる「羊の牧場」をつくり復興支援活動をしていたのですが、新型コロナの影響で羊牧場の経営が厳しい状態に追い込まれます。

そこでクラファンに挑戦したところ、新聞に紹介されたり、有名人にSNSでシェアされるなどで盛り上がり成功しました。クラファンの成功により、羊牧場が息を吹き返し、経営が軌道に乗りました。

神奈川県を中心にヘアサロン、アイラッシュサロン、カフェなど十数店舗を経営する山口亮子さんは、2011年にヘアサロンを開業して順調に事業拡大されてきましたが、新型コロナで環境が一変し閑古鳥が鳴くようになります。

そこでクラファンを利用したところ客足が戻り、息を吹き返しました。その後も自店舗を出店する横浜の商店会の役員として、１００年続く商店会を目指すクラファンも実施し成功されています。

ピアノ講師の竹之下乃子さんは、すべてが個性であり素晴らしい特性として認める場所として、子どもたちを応援するために楽団を作り、コンサートを開催する目的でクラファンのプロジェクトを実施し成功しました。その後も楽団を育てておられます。現在は音楽のバリアフリーというキャッチフレーズを掲げて活動されており、オリジナルＴシャツもつくられるなど笑顔いっぱいで楽団は盛り上がっています。

このように、クラファンによって救われたり、新しい道が開けたり、大きな飛躍をするなど人生が変わった人がたくさんいるのです。

◉クラファンを構築するための７つのステップ

それでは、ここからは、どうやったらクラファンを立ち上げ、進めていくか、具体的にお話していきます。

クラファンを構築するための基本的な流れは次の通りです。

ステップ❶プロジェクトの立ち上げ

このプロジェクトは、新しいサービス・製品、アート作品、イベントなど、さまざまなプロジェクトを立ち上げることが可能です。

ステップ❷プラットフォームの選択

クラファンを行うには、「プラットフォーム」を利用することが一般的です。プラットフォームとは、クラファンを運営する会社＝プロジェクト主催者と支援者を結びつける仕組みのことです。それぞれのプラットフォームには特徴がありますので、プロジェクトのテーマや条件に合ったプラットフォームを選びましょう。

ステップ❸プロジェクトの企画

プロジェクトの概要や目標金額、期間、リターンなどを決定します。

ステップ❹支援者の募集

クラファンのプロジェクトが開始されると、支援者を募ります。これはＳＮＳやメルマガ、交流会、プレスリリースなどを活用して告知します。

ステップ❺目標金額の達成

プロジェクト期間中に目標金額を達成することを目指します。目標金額を達成することができれば、プロジェクトは成功したとみなされます。

ステップ❻プロジェクトの実行

目標金額を達成した場合、プロジェクトが実行されます。プロジェクトの内容によっては、製品やサービスの開発・製造・配送までが含まれます。

ステップ❼報告とフィードバック

プロジェクトが実行される間、支援者に対して定期的に進捗状況を報告し、フィードバックを受け取ります。これにより、支援者との信頼関係を構築し、今後のビジネスの成功につなげることができます。

このように、**成功するためには、魅力的なプロジェクトの立ち上げ、適切なプラットフォームの選択、綿密なキャンペーンの計画が必要**です。

●日本では東日本大震災をきっかけに注目が集まった

クラファンが日本で注目されるきっかけの一つとして、東日本大震災が挙げられます。

東日本大震災の発生後、日本国内外で多くの支援活動が行われました。その中には、クラファンを利用して資金を集める取り組みもありました。

被災地の支援や復興プロジェクトに対するクラファンが行われ、一部のプラットフォームではこれらのプロジェクトを支援するための特設ページが設けられたりしました。

クラファン自体はその前から存在しており、日本でも２０１０年代初頭から徐々に注目され始めました。

特に、クリエイティブなプロジェクトや新しいビジネスの立ち上げ資金を調達する手段として、若い起業家やアーティストなどによって利用されるようになっていましたが、東日本大震災によりクラファンの普及が一気に進みました。

そして、コロナ禍においてもクラファンは多くの人々に支援の手を差し伸べました。たとえば、小規模ビジネスや個人事業主が経済的な打撃を受けた場合、クラファンを通じて生活費や事業資金を調達することができました。

また、文化イベントや芸術家、ミュージシャンなどのクリエイティブな活動が制限を受けた際にも、クラファンが支援の手段として活用されました。

さらに、医療施設や医療関係者に対する支援もクラファンを通じて行われました。マスクや医療機器の調達、医療従事者への支援、病院の増設など、さまざまな医療関連プロジェクトがクラファンによって実現しました。

このように、コロナ禍においてクラファンは社会の様々な分野で支援の手段として活用され、多くの人々がその恩恵を受けたのです。

◉ コロナ後、クラファンはこう変わった！

新型コロナウイルスのパンデミックは、クラファン市場にも大きな影響を与えました。それでは、コロナ前とコロナ後のクラファンの違いについて解説しましょう。

【コロナ前のクラファン】

アート・音楽・映画・テクノロジーなど**クリエイティブなプロジェクトが中心。**スタートアップの資金調達手段として利用されるなど**商業的な要素が強く、**マーケティングは、**リアルイベントやフェスティバルでのプロモーション**が多く見られました。

【コロナ後のクラファン】

プロジェクトでは、新しいニーズが出現。医療支援、飲食店支援、地域活性化など、**パンデミックの影響を受けた分野のプロジェクトが増加。ＩＴサービスやリモートワーク関連のプロジェクトが注目**されるようになりました。

オンライン化の進展とともに、オンラインイベントやウェビナーが普及し、**プロジェクトのマー**

ケティング方法がオンラインにシフト。リアルでの交流が制限され、オンラインでのコミュニケーションが増加。ＳＮＳ利用が一般的になりました。

プラットフォーム各社が対応し、コロナ関連の特別キャンペーンや支援プログラムを提供。プロジェクトの立ち上げから支援金の受け取りまでのプロセスがスピードアップ。

そして、**社会的意義や持続可能性を重視するプロジェクトが増加。**環境などの社会課題解決の一環としてのクラファン利用が拡大しています。

以上のようにコロナの影響で、クラファンの市場やプロジェクト内容には大きな変化が見られました。特に**オンライン化の進展や新しいニーズの出現**により、クラファンはより柔軟で迅速な対応が求められるようになりました。

また、社会的インパクトを重視する傾向も強まり、クラファンは単なる資金調達手段にとどまらず、**社会的な課題解決のための重要なツール**としての役割を果たしています。

クラファン市場は着実に成長し、年間の市場規模も順調に拡大しています。売上金額は、コロナ前の２０１９年は約１，０００億円でしたが、２０２０年は約１，８４１億円と増加し、それ以降高い水準を維持しています。

認知度もテレビ番組やニュース記事での紹介が増えたことや、社会的な大きなプロジェクトの成功が話題になったことなどにより向上しました。

２０１１年、日本で最初のクラファンプラットフォーム「READYFOR」が設立。同年「CAMPFIRE」も設立、２０１２年には「Makuake」が設立。クラファン市場は急速に拡大していきます（第2章でプラットフォームを詳細説明）。

２０１５年、金融庁がクラファンに関するガイドラインを策定し、法的枠組みが整備されます。

２０２０年新型コロナウイルスの影響で、多くの企業や個人がクラファンを利用して資金調達を行うようになりました。特にオンラインイベントやデジタルサービスが注目されるようになりました。

２０２３年、持続可能なエネルギーや環境保護、社会的インパクトを重視したプロジェクトが増加しています。

日本のクラファン市場は毎年急速に成長しています。今後も、技術の進展や新しい法整備により、さらなる成長が期待されます。

インターネットとデジタル技術の普及により、クラファンが手軽に利用できるようになったことで、今後も成長が期待されます。

◉今、クラファンが求められる理由

現在、クラファンが求められる時代が到来したと言えます。次にその理由をいくつか挙げてみましょう。

・インターネットの普及

世界中の人々がクラファンにアクセスできるようになりました。これにより、資金調達や支援を必要とする個人や団体が、従来よりも簡単に資金を集めることができるようになりました。また、スマートフォンが普及したことで、普段はパソコンを使わない人たちからも容易に支援を集めることが可能になっています。

・創造的なプロジェクトへの支援

クラファンは、創造的なプロジェクトや新しいアイデアの実現を支援するための効果的な手段として注目されています。

従来の金融機関や投資家からの資金調達が難しい場合であっても、クラファンであれば、支援を受けることができるケースがあります。

・コミュニティの形成

クラファンは、支援者とプロジェクトの間に直接的な関係を築くことができるため、支援者とプロジェクトオーナーの間でコミュニティが形成されることがあります。

このようなコミュニティの存在は、プロジェクトの成功や成長を支える重要な要素となります。

・リスク分散

クラファンは、多くの支援者から少額の資金を集めることができるため、リスクが分散されます。プロジェクトオーナーにとっては、一つの投資家や金融機関からの依存度が低くなり、安定した資金調達が可能になります。

以上のような理由から、クラファンは、さまざまな分野で求められる手段として確立されつつあります。

将来的にみても、クラファンは新しいアイデアやプロジェクトの実現を支援し、社会にポジティブな影響を与える重要な役割を果たしていくと思われます。

◉条件を満たせば、誰でもクラファンを立ち上げられる

ほとんどのプラットフォームは、一般の人々がプロジェクトを立ち上げることを歓迎しています。ただし、プラットフォームでは、特定の基準を満たす必要がある場合があります。一般的に、次のような条件があります。

・**法的条件**

プロジェクトを立ち上げるためには、プラットフォームの規約や法的要件に従う必要があります。特に、未成年者がプロジェクトを立ち上げる場合や、特定の国や地域に拠点を置く場合には、法的な制約がある場合があります。

・**プロジェクトの内容**

プロジェクトがプラットフォームの利用規約に違反しないかどうか、内容が適切であるかどうかが検討されます。たとえば、違法な活動や商品の販売を目的とするプロジェクトは許可されない場合があります。

・**明確な目標と計画**

プロジェクトに支援を集めるためには、はっきりした目標と計画が必要です。プラットフォームからは、支援者に対してプロジェクトの目的や利用方法を明確に伝えることが求められます。

・**コミュニケーション力**

成功するプロジェクトを立ち上げるには、効果的なコミュニケーション力が必要です。支援者との関係を築き、プロジェクトの魅力を伝えていくことが重要です。

以上の条件を満たせば、ほとんどの人がクラファンを立ち上げることができます。ただし、成功するためには入念な戦略・戦術が必要になります。

◉クラファンには、ビジネスの基本の要素が詰まっている

クラファンには、次のようなビジネスの基本の要素が詰まっています。

・資金調達

クラファンは、ビジネスを立ち上げたり、成長させたりするための資金調達の手段として活用されます。

ビジネスを展開するためには十分な資金が必要ですが、クラファンを通じて支援者から資金を調達することができます。

・マーケティング

プロジェクトの成功のためには、効果的なマーケティングが不可欠です。

ターゲット市場の特定、コピーライティングの設計、プロモーションの計画など、基本的なマーケティング戦略が必要となります。

・プロダクト開発

クラファンを通じて資金を調達する場合、支援者からのフィードバックを元に製品やサービ

スを開発することができます。

このプロセスは、製品の改善や市場適応を促進し、ビジネスの成功につながります。

・コミュニケーション力

クラファンは、支援者とのコミュニケーションが重要な要素です。支援者との信頼関係を築くためには、適切なコミュニケーションが必要です。また、プロジェクトの進捗状況を報告することで、支援者の興味・関心を維持することも重要です。

以上のように、クラファンはビジネスの基本的な要素を含んでおり、ビジネスを立ち上げたり、成長させたりするための貴重な経験・ノウハウを提供してくれます。

◉「みんなを応援する人」が一番応援される

クラファンにおいては、「みんなを応援する人」が一番応援されると言えるでしょう。そのためには、次のような活動がふだんから必要になります。

・他のプロジェクトの応援

クラファンにおいて成功するためには、プロジェクト開始前から、支援者との関係を築いておくことが重要です。

他のプロジェクト挑戦者のプロジェクトをSNSなどで積極的にシェアしたり、友人・知人に紹介するなどの活動をしていたら、「みんなを応援する人」と認識されていきますので、自身がプロジェクトを立ち上げた場合、応援されることが多いです。

逆に普段から積極的に活動していない場合、応援されることは難しいかもしれません。

・SNS等での活動

フォロワー数を増やすだけでなく、自分のプロジェクトに共感してもらえそうな人と相互フォローしましょう。相手の投稿に「いいね」したり、「コメント」を書いたり、シェアする等のアクションを自分から積極的に行っていくことが大切です。

・コミュニティでの活動

自分一人だけでは、プロジェクトの支援を集めることは容易ではありません。信頼し合える仲間の存在が大切になります。お互いに共感しあい、応援しあえる仲間がいれば、自分がプロジェクトを実施する際にも自然と応援してもらえます。

現代ではオンラインサロン・交流会などのコミュニティが多数ありますので、その中から自分に合う、居心地のいいコミュニティを選び会員になってみましょう。

主催者の想い・コンセプト・ビジョン・内容・参加者層・価格など総合的に判断して選択すれば良いでしょう。そしてコミュニティに入会したら、仲間たちと信頼関係をつくっていくことです。

そのためには、自分から他メンバーに共感し、積極的に応援していくことが大事です。コミュニティの中でも、応援する人が応援される人になります。

このように、多面的に自分自身から応援する環境ができれば、支援者との関係を築きやすくなり、彼らの期待や要望に応えることができるので、より多くの支援を得ることができます。

もちろん、プロジェクト自体が魅力的であるかどうかが重要です。魅力的なプロジェクトであれば、多くの人たちから注目を集めやすくなります。

◉「成功するプロジェクト」の共通点

私はこれまで、数多くのプロジェクトを応援してきました。その経験からわかったのは、成功するプロジェクトにはいくつかの共通点があることです。

・明確で魅力的な目標とストーリー

明確で魅力的なストーリーがあります。支援者にとって、プロジェクトの目的やビジョンが明確で理解しやすいことが重要です。

・魅力的なリターン

支援者に対して魅力的なリターンが設定されています。支援者がプロジェクトに支援する際に、彼らが得られるリターンが魅力的であることが重要です。

・効果的なマーケティング

効果的なマーケティング戦略があります。ＳＮＳ・メルマガ・ニュースリリース・コミュニティでの告知などの活動を通じて、プロジェクトを広く知らせることができるような戦略が求められます。

・綿密な計画と準備

綿密な計画と準備が行われています。プロジェクトの立ち上げ前に、目標金額・キャンペーン期間・リターンの設定など、様々な側面を考慮した計画が立てられています。

・支援者との積極的なコミュニケーション

支援者との積極的なコミュニケーションが行われています。支援者との関係を築き、彼らの期待や要望に応えることができるようなコミュニケーションが重要です。

・事前告知

「プロジェクト開始直後から一気にスタートダッシュできるかどうかで勝負が決まる」と言っても過言ではありません。垂直立ち上がりで、できれば最初の１週間で目標金額の30％以上が目安になります。そのためには、プロジェクト開始前の事前告知をしっかりしておくことが重要です。

成功するためには、これらの要素を考慮してプロジェクトを計画し、実行することが重要です。

◉「失敗するプロジェクト」の共通点

逆に、失敗するプロジェクトにも、いくつかの共通点があります。

・不明確な目標やメッセージ

目標やメッセージが不明確であることがあります。

支援者にとって、プロジェクトの目的やビジョンが理解しにくい場合、支援する動機付けが難しくなります。

・魅力的でないリターン

支援者に対して魅力的なリターンを提供できていないことがあります。プロジェクトに支援する際に、十分なリターンが得られないと感じる場合、支援に対する意欲が低下する可能性があります。

・マーケティングの不足

適切なマーケティング戦略を持っていない場合があります。

プロジェクトを広く知らせるための宣伝やプロモーションが不十分であると、支援者がプロジェクトに関心を持つ機会が少なくなります。

・計画の不備

計画や準備が不十分である場合があります。

目標金額やキャンペーン期間の設定が不適切であったり、プロジェクトの進行に関する不確定要素が多い場合、支援者から信頼を失う可能性があります。

・コミュニケーションの欠如

支援者との適切なコミュニケーションを欠いている場合があります。

支援者の期待や要望に対応せず、進捗状況や課題についての情報を提供しない場合、支援者の関心が低下し、支援が停滞する可能性があります。

失敗を避けるためには、これらの特徴を避けるような計画や実行が必要です。

◉特に向いている業種はこれだ！

クラファンは、様々な業種で利用されていますが、特に次のような業種がクラファンに向いています。

・社会的なプロジェクトや慈善事業

環境保護、社会問題への対応、慈善事業など、社会的な価値を提供するプロジェクトは、多くの人たちから共感されるので支持を得やすいです。

・芸術やエンターテインメント

アーティスト、映画製作者、音楽家、著者などが自分の作品を制作するための資金をクラファンで調達することが可能です。アーティストであれば展示会開催のための資金、音楽家であればコンサート開催のための資金などを調達することができます。ファンがいる場合は特に有効です。

・飲食店・美容室・エステサロン・整体などのサービス業

飲食店では運営資金などをクラファンで調達することができます。店舗のお食事券はリターンとして設定しやすいので、店舗のファンから支援してもらうことが可能です。美容室・エステサロン・整体などのサービス業も同様で、店舗で利用できるチケットをリターンとして設定しやすいので、店舗のファンから支援してもらうことが可能です。コロナ禍に大打撃を受けた業種ですが、多くの店舗がクラファンを活用して救われました。

・製品開発やイノベーション関連のプロジェクト

新製品や革新的なプロジェクトに対して支援を募ることができます。資金調達が成功すれば、プロジェクトを実現する資金を得ることができます。

・テクノロジー関連のプロジェクト

新しいアプリケーション、デバイス、ソフトウェアなどの開発に関連するプロジェクトに対して支援を募ることができます。

・小規模ビジネスやスタートアップ

新しいビジネスを始めるための資金調達や市場検証にクラファンが利用されることがあります。

・教育関連

教育プロジェクト、学習教材、教育施設の拡張などに支援を受けることがあります。

・ファッションやデザイン

ファッションブランドやデザイナーが、新しいコレクションや製品を発表するために利用されることがあります。

◉クラファンに向いている人、いない人

クラファンは、様々な人々にとって有益な資金調達手段や支援手段となり得ますが、向いている人と向いていない人も存在します。

【クラファンに向いている人】

・創造的なプロジェクトやアイデアを持っている人

クラファンは、新しいアイデアやプロジェクトを実現するための資金を調達する手段として非常に有用です。創造的なプロジェクトを持つ人や、新しい製品やサービスを開発したいと考えている人にとって向いています。

・コミュニティやファン・仲間を持っている人

クラファンは、仲間やファンを持っている人にとって有利です。既存のコミュニティやファンクラブなどを活用して、支援者を募ることができるためです。

・マーケティングやコミュニケーション能力を持っている人

キャンペーンの成功には、効果的なマーケティング戦略やコミュニケーション能力が不可欠です。支援者との関係を築き、プロジェクトの魅力を伝える能力を持っている人にとって向いています。

・SNSを活用できている人

クラファンは基本的にインターネットを介して広げる必要があります。そのためクラファン成功においてSNSは非常に重要な役割を果たします。各種SNSでファローワー数やエンゲージメント数が多いと有用になります（エンゲージメント数＝いいね・コメント・シェア・クリック・保存などユーザーが何らかのアクションを起こした回数）。

【クラファンに向いていない人】

・プロジェクトやアイデアが不十分な人

クラファンは、明確な目標や計画を持っている人にとって有益ですが、プロジェクトやアイデアが不十分である場合、支援者の関心を引くことが難しいため、向いていないかもしれません。

・マーケティングやコミュニケーション能力が不足している人

プロジェクトの成功には、効果的なマーケティング戦略やコミュニケーション能力が必要です。マーケティングやコミュニケーション能力が不足している場合、支援者との関係を築くことが難しくなるため、向いていないかもしれません。

・法的、倫理的な問題を抱えている人

クラファンは、法的、倫理的な問題を抱えている人にとっては向いていません。不正行為や詐欺の疑いがある場合、プロジェクトは支持を得ることができず、失敗する可能性が高いです。

それ以前に、プラットフォーム会社の審査を通らない可能性が高くなります。

・ＳＮＳを活用できてない人

クラファン成功のためにはＳＮＳは重要なため、ＳＮＳを活用できていない人は不利になります。

◉こんな人も向いている

【定年後の中高年】

個々の状況や能力によりますが、一般的には次のような理由から、クラファンに向いていると言えるでしょう。

・経験と専門知識を持っている

定年後の中高年の人は、長年の経験や専門知識を持っています。これらの経験や知識を活かして、自身のプロジェクトやビジネスを立ち上げるためのクラファンプロジェクトを行うことができます。

・豊富な人脈とネットワークがある

定年後の中高年の人は、豊富な人脈やネットワークを持っていることが多いです。これらの人脈やネットワークを活用して、支援者を募ることができます。

また、自身のプロジェクトに関心を持ってくれる人が多い可能性もあります。

・自己実現の機会が得られる

定年後の中高年の人にとって、クラファンは新しい挑戦や自己実現の機会となり得ます。定年後に新たなプロジェクトやビジネスを始めることで、新たな目標や夢を追求することができます。

ただし、クラファンを成功するためには、十分な準備と努力が必要です。

定年後の中高年の人がクラファンに取り組む場合は、自身の経験や知識を活かした魅力的なプロジェクトを企画し、適切なマーケティング戦略を立てることが大切です。
また、支援者とのコミュニケーションを大切にし、信頼関係を築くことも成功の鍵となります。

【子育てが終わった主婦】

その人の状況や能力によりますが、一般的には次のような理由から、クラファンに向いていると言えるでしょう。

・持続可能なアイデアやプロジェクトが可能

家庭の時間や責任が減ったため、自身の企画に集中することができる場合があります。魅力的なアイデアを持っている場合、クラファンを通じてその実現を目指すことができます。

・スキルや趣味を活かしたプロジェクトが可能

家事や子育てを通じて習得したスキルや趣味を活かして、プロジェクトを立ち上げることができます。たとえば、料理や手芸、アートなど、自身の得意分野を活かしたプロジェクトを実現することができます。

・自己表現や自己実現の機会がある

クラファンは、新しい自己表現や自己実現の機会となり得ます。

子育てに専念していた間に抱えていた夢や目標を追求することができるため、充実感や満足感を得ることができます。

ただし、クラファンを成功するためには十分な準備と努力が必要です。子育てが終わった主婦がクラファンに取り組む場合は、自身の企画を十分に熟考し、適切なマーケティング戦略を立てることが重要です。

また、支援者とのコミュニケーションを大切にし、信頼関係を築くことも成功の鍵となります。

第2章
まずは「クラファン運営の基礎知識」を学ぼう

◉クラファンを始めるための基本的な3つのステップ

クラファンに興味を持ちながらも、躊躇してなかなか始められない人がいます。失敗への恐怖、企画に対する自信のなさ、時間と労力の不足、準備資金の不安、支援者とコミュニケーションを取る負担感、ＩＴ面での不安、知識と経験の不足などが主な理由です。特に知識の不足により、自信を持てない人が多いようです。

しかし、これらの理由の大部分は、自分自信が作りだした心の中の怖れから生まれています。クラファンに興味を持っていても、一歩踏み出すことにためらいを感じる人がいるのは、とてももったいないことです。

クラファンを始めたいと思っている人が、まず考えることは、**「どうやったらクラファンができるのだろうか？」**という運営方法のことです。

その不安を解消するには、まず、**「クラファンを始めるための基本的な3つのステップ」**を学ぶことから始めましょう。ここで大枠をとらえてください。

ステップ❶プロジェクトの企画と準備

アイデアの明確化

目的の設定…誰を応援し何を実現したいのか、どんなプロジェクトなのかを明確にします。

ターゲットの設定…誰がこのプロジェクトに興味を持ち支援してくれるのかを考えます。

市場調査

類似のプロジェクトの分析…既存プロジェクトの中で類似プロジェクトを調査し、成功・失敗の要因を分析します。

ニーズの確認

ターゲットがどのようなニーズを持っているかを確認します。

ステップ❷プラットフォームの選択

クラファンには多くのプラットフォームがあります。それぞれのサイトの特性を理解し、プロジェクトに最適なものを選択します。

なお、日本の主なプラットフォームは次の３社です。なお、詳細については後でご説明します。

・Campfire

・Makuake

・READYFOR

ステップ❸プロジェクトページの作成

魅力的なコンテンツを広く訴求

・プロジェクトの説明…プロジェクトの目的、詳細、背景を明確に説明します。

・動画の制作…プロジェクト紹介の動画を制作し、ビジュアルでの訴求力を高めます。
・魅力的な画像…プロジェクトのイメージを視覚的に伝えるための画像を準備します。リアルな写真だけでなく、イメージ画像も組み合わせると効果的です。
・リターンの企画…支援者に提供するリターンを設計します。
①リターンの内容…魅力的で価値のあるものを用意することが重要です。
②価格設定…支援金額ごとに適切なリターンを設定します。

資金目標の設定

・目標金額…プロジェクトに必要な最低限の資金を設定します。
・ネクストゴール…目標を超えた場合の追加目標を設定し、支援者の興味を引き続けます。

マーケティングとプロモーション

・SNSの活用…SNSのアカウントを作成し、情報を発信します。
・投稿計画…プロジェクトの事前告知とキャンペーン期間中の投稿スケジュールを計画し、定期的に更新します。
・メールリストの作成…関心を持ってくれそうな人々のメールリストを作成します。
・メールマガジン…キャンペーン情報を定期的に送信します。
・コミュニティ。交流会の活用…オンラインまたはリアル（オフライン）のコミュニティや交流会で告知することで支援と応援を働きかけます。

・プレスリリース…プロジェクト開始時にプレスリリースを配信し、メディアの関心を引きます。
・インフルエンサーとの協力…関連するインフルエンサーにプロジェクトを紹介してもらうことで、より多くの人にリーチします。

キャンペーンの運営

・支援者とのコミュニケーションは重要です。
①質問への対応…支援者からの質問には迅速かつ丁寧に回答します。
②進捗報告…プロジェクトの進捗状況を定期的に更新し、支援者に報告します。

キャンペーン後の対応

・資金の確実な管理と活用が必要です。
①予算管理…集めた資金を計画的に管理し有効活用します。
②リターンの実行…約束したリターンを支援者に確実に届けます。
③フォローアップ…支援者への感謝の意を示し、今後のプロジェクトについても情報を提供します。
④次の事業への展開…成功した場合、次の事業への展開や事業拡大を計画します。

これらのステップを踏むことで、プロジェクトを効果的に計画し、成功に導くことができます。

◉クラファンを行うメリットとデメリット

クラファンを行うメリットとデメリットを理解することは、プロジェクトを成功に導くために非常に重要です。主なメリットとデメリットは次の通りです。

メリット

・プロジェクト実施の容易さ

①少額からの支援が可能なため、広く資金を集めやすい。
②従来からの融資や投資と比べて審査が緩やかで、資金調達のハードルが低い。
③プロジェクトのアイデアや製品のニーズを事前に確認できます。
④支援者のフィードバックを受けて、プロジェクトを改善する機会が得られます。

・効果的なプロモーションを展開できる

①プロジェクト自体がマーケティングツールとなり、多くの人にプロジェクトを知ってもらうことができます。
②プロジェクトページや支援者の口コミによって、自然に広がりやすい。
③メディアに取り上げられやすい。

・人的ネットワークを構築できる

①熱心な支援者がプロジェクトの応援団として活動してくれることがあり、濃い人脈を広げることができます。

②支援者との直接的なコミュニケーションを通じて、プロジェクトに関心を持つ人たちとのコミュニティを構築できます。

③自分が主催、もしくは所属するコミュニティとの関係性を深めることができます。

・経済的なリスクが少ない

①先行コストが不要のため、資金力がなくても実施可能。

②多くの人から少額の支援を受けるため、資金調達のリスクが分散されます。

③プロジェクトが失敗しても、借金や大きな損失を抱えるリスクが低い。

デメリット

・成功の保証がない

プロジェクトが成功する保証はなく、目標金額に達しない場合は資金を受け取れないことがあります。

・他プロジェクトとの競争がある

①人気のあるプラットフォームには多くのプロジェクトが掲載されています。その中で目立ち、支援してもらうためには効果的なマーケティングが必要になります。

②他のプロジェクトと比較され、支援されるため、魅力的な見せ方や独自性が求められます。

・時間と労力が必要

①プロジェクトページの作成、友人・知人へのアプローチ、マーケティング活動、支援者とのコミュニケーションなど多くの時間と労力が必要です。

②途中でプロジェクトが頓挫すると、それまでの努力が無駄になる可能性があります。

・公開によるリスク

プロジェクトの詳細を公開するため、競合他社に情報を提供してしまう可能性もあり、アイデアが盗用されるリスクがあります。

・資金の使途の制約

プラットフォームによっては、集めた資金の使用方法に制約がある場合があります。

クラファンは、多くのメリットがある一方で、成功には入念な計画と効果的な実行が必要です。プロジェクトのアイデアや目標、リターンを十分に検討し、メリットとデメリットを比較したうえで、プロジェクトを実施しましょう。

●どれくらいの期間がかかるの？

プロジェクトの計画から完了までにかかる期間は、その内容や規模、プロジェクト主催者の状況によって異なりますが、一般的な期間は次の通りです。

【準備期間（2～3ヶ月）】

・アイデアの検討と市場調査（2週間～4週間）

①アイデアの具体化…プロジェクトの目標や詳細の明確化。

②市場調査…類似のプロジェクトや市場のニーズを調査し、競争力を確認。

・プラットフォームの選定と計画の策定（2週間～4週間）

①プラットフォームの選定…プロジェクトに最適なプラットフォームを選びます。

②計画の策定…プロジェクトのスケジュール、予算、リターン品の設計を行います。

・プロジェクトページの作成とコンテンツの準備（4週間～6週間）

①プロジェクトページの作成…魅力的なページを作成するために、詳細な説明文、画像、動画を用意します。

②動画の制作…プロジェクトの想いを伝えるため、紹介用の映像を制作し魅力を視覚的に伝えます。

③リターンの設計…支援者に提供する魅力的なリターンを設定します。

【プロジェクト期間】

30日から45日までが最適と思われます。

①プロジェクト開始…クラファンプロジェクトページを公開し、キャンペーンをスタートします。
②マーケティング活動…SNS、メールマガジン、コミュニティ・交流会・PR活動などを通じてプロジェクトを広めます。
③支援者とのコミュニケーション…支援者からの質問やコメントに対応し、プロジェクトの進捗を定期的に報告します。

【実施期間とリターンの配送（3〜6ヶ月)】

・資金の受け取りとプロジェクトの実行（1〜2ヶ月)

①資金の受け取り…プロジェクト終了後、プラットフォームから資金を受け取ります。
②プロジェクトの実行…資金を使ってプロジェクトを進行させます。製品の開発やサービスの提供を開始します。

・リターンの準備と実施（2〜4ヶ月)

①リターンの準備…支援者に提供するリターンを準備します。製造や調達が必要な場合はその手続きを行います。
②リターンの実施…支援者に対してのリターンを実行します。イベント開催やリターン発送を行います。

【フォローアップ期間（1〜2ヶ月)】

・支援者への感謝と報告

①感謝のメッセージ…支援者への感謝の気持ちを伝えます。

②プロジェクトの成果報告…結果や今後の展望について支援者に報告します。

プロジェクトには、準備からフォローアップまで一般的に６～１２ヶ月がかかることが多いです。プロジェクトの規模や内容に応じて、計画を立て、十分な準備を行うことが成功の鍵となります。

●どれぐらいのお金がかかるの？

プロジェクトには様々な費用がかかります。次に、プロジェクトを開始し、成功させるために必要な一般的な費用をまとめます。

プロジェクトの準備費用

市場調査費用…類似プロジェクトやターゲット市場を調査するためのツールやサービスの費用。これは自分で行う場合は無料ですが、専門家に依頼する場合は費用がかかることがあります。

コンテンツ制作費用

①コピーライティング費用…プロジェクトページの文章作成費用。プロに依頼した場合は費用が発生します。

②動画制作費用…プロジェクトの紹介ようなどの動画を制作する費用。プロに撮影や編集を依頼する場合、費用が発生します。

③画像制作費用…プロジェクトページやSNS告知の画像の制作費用。プロのデザイナーに依頼する場合、費用がかかります。

プラットフォームの手数料

プラットフォームの手数料…ほとんどのプラットフォームは、集まった資金に応じて手数料として徴収されます。

マーケティング費用

①インターネット広告費用…Facebook・Instagram・X・YouTube・Google などの広告費用

②コミュニティ・交流会参加費

③メールマガジン配信ツールの利用費用

④PR費用…プレスリリースの配信業者・広報代理店などの利用費用

⑤インフルエンサーとの協力費用

リターンの準備と実施・配送費用

①製造費用…リターンとして提供する商品の製造費用。商品の種類や数量に応じて大きく変わります。
②梱包費用…リターンを発送するための梱包材やパッケージングの費用。
③配送費用…支援者へのリターンの配送費用。数量や重量に応じて変わります。
④イベント開催費用…リターンでパーティー・交流会・コンサートなどのイベント設定した場合、会場費・スタッフ費用・チラシ等印刷費・お土産代・飲食費などの費用が発生します。

プロジェクトの費用は、プロジェクトの規模や内容、によって大きく変動するため、事前に詳細な予算計画を立てることが重要です。

◉「プラットフォーム」を使ったほうがいいの？

クラファンを行う際は、一般的に「プラットフォーム」を利用するほうが多くのメリットがあります。しかし、プロジェクトの性質や目的によっては、自分で資金調達を行うほうが適している場合もあります。

プラットフォームを利用する際のメリットとデメリットをお話しします。

メリット

・広いリーチと集客力

プラットフォームは多くのユーザーを抱えており、プロジェクトが多数の潜在的支援者の目に触れる機会が増えます。

プラットフォーム自体が大きなインターネットのパワーを持っていて、広告宣伝などにも力を入れているため集客力が高いでしょう。

・信頼性と安心感

知名度のあるプラットフォームを利用することで、支援者に対してプロジェクトの信頼性をアピールできます。

・トラブルの軽減

資金の取り扱いや支援者とのやり取りがプラットフォームを通じて行われるため、トラブルが少なくなります。

・便利な機能

プラットフォームは、プロジェクトページの作成や支援者とのコミュニケーション、資金の管理などに便利な機能を提供しています。プラットフォーム内での支援金の管理やリターンの発送手続きがスムーズに行えます。

・サポートとアドバイス

プラットフォームのサポートチームからアドバイスやサポートを受けることができます。特に初めてクラファンを行う場合には役立ちます。成功事例やガイドラインを参考にすることで、プロジェクトの成功率を高めることができます。

デメリット

・手数料がかかる

プラットフォームの利用には手数料が発生します。決済手数料も別途かかることがあります。

・競争がある

人気のあるプラットフォームでは多数のプロジェクトが存在するため、目立つためには効果的なマーケティングやプロモーションが必要です。他のプロジェクトと比較されるため、内容やリターンの質にこだわる必要があります。

・プラットフォームのルールと制約

プラットフォームごとにルールやガイドラインがあり、これに従う必要があります。プロジェクトの内容やリターンに制約がかかることがあります。プラットフォームで審査を実施しているので、通過しないとプロジェクトを開始できない場合もあります。

以上がメリットとデメリットですが、**プロジェクトを成功させるためには、プラットフォーム**

を利用することをおススメします。

特に初めて行う場合や、広範なリーチを必要とするプロジェクトには、プラットフォームを利用したほうがいいでしょう。

なお、**自分で資金調達するときのメリットとデメリット**は次の通りです。

メリット

・自由度が高い

自分で資金調達を行う場合、プラットフォームの制約に縛られることなく、プロジェクトを自由に進めることができます。

・手数料がかからない

プラットフォームの手数料を支払う必要がなく、全額をプロジェクトに充てることができます。

デメリット

・集客力が低い

プラットフォームを利用しない場合、プロジェクトを広く知ってもらうためには独自の強力なマーケティングやプロモーションが必要です。

・信頼性の確保が難しい

知名度の低い独自サイトでの資金調達は、支援者に対して信頼性をアピールするのが難しくなります。

・管理が大変

資金管理や支援者対応、リターンの発送など、全てを自分で管理する必要があります。

◉「主要プラットフォーム」徹底比較

プラットフォームを比較する際には、次のポイントを考慮することが重要です。
日本の主要プラットフォーム（Campfire、Makuake、READYFOR）の手数料、得意領域・優位点・特徴をまとめました。

【手数料】

CAMPFIRE：17％＋税
Makuake：18・2％＋税
READYFOR：14％＋税

【得意領域・優位点・特徴】

CAMPFIRE（キャンプファイヤー）

日本で最も有名なプラットフォームで、アカウント数が日本最大。

オールジャンル対応可能で、社会貢献型からエンターテインメントまで幅広いプロジェクトをサポート。地域ごとのプロジェクトやイベントにも強い。

特に飲食・まちづくり・プロダクト・エンタメ領域を得意としている。同内容のプロジェクトであっても、リピート起案が可能。

性別や年齢に偏りがなく、様々なユーザーにアプローチ可能。プロジェクト終了後に、カスタムページ機能にて自社ECなどへの流入が可能。自社ECなどとの同時掲載可能。

Makuake（マクアケ）

海外輸入商材や、新製品開発やサービスの開発に強みがある。

テストマーケティング・EC的な活用方法は相性が良い。企業のプロジェクトにも対応しており、ビジネス向けの支援が充実。

Makuake側でプロジェクトを確認し、伸びているプロジェクトに対してはPR施策を実施。これまで世になかった商品であったり、目新しいアイデア、新商品、新店舗開業、などのプロジェクト内容を掲載可能。

READYFOR（レディーフォー）

寄付型クラウドファンディングや、社会課題の解決のためのクラウドファンディングを得意としている。

手数料が低い。あるいは選択肢がある。得意ジャンルが明確なため、プロジェクトごとの向き不向きがはっきりしている。

社会貢献事業との相性が良く、NPOや社会的活動に特化したプロジェクトが多く、社会的なプロジェクトに特化した機能が充実。ただし、商業的プロジェクトや技術プロジェクト・テストマーケティング・EC的な活用方法は相性が悪い。

プラットフォームは、それぞれの得意分野や手数料、使いやすさに違いがあります。プロジェクトの内容や目的に応じて、最適なプラットフォームを選びましょう。

◉プロジェクトを成功させるためには、第三者の活用がおススメ

クラファンのプランニングは自分ですべてを行うことも可能ですが、**プロジェクトを成功させるためには多くの時間と労力が必要**です。

【自分一人で行う場合】

メリット

①外部の専門家に依頼する費用がかからない。

②プロジェクトのすべての側面を自分で管理できる。

デメリット

①時間と労力の消耗…プロジェクトの準備から運営、マーケティングまですべてを自分で行うため、多くの時間と労力が必要。

②経験不足のリスク…クラファンの経験が少ない場合、成功するための戦略やノウハウが不足する可能性がある。

このように、**自分一人で全部を行うのは、デメリットがある**ことがわかります。それを解消するためには、**コンサルタントやナビゲーター、代理店などの第三者の活用が有効**です。それぞれの役割と利点について詳しくご説明します。

【コンサルタント】

戦略の策定…プロジェクトの戦略を一緒に立て、目標達成のための具体的な計画を作成。

アドバイスとサポート…プロジェクトの各段階でのアドバイスや指導を提供します。

メリット

専門知識の活用…クラファンの専門家からのアドバイスを受けることで、成功率が高まります。

デメリット

コンサルタントの費用がかかります。

【ナビゲーター】

プロジェクトの進行管理や、支援者とのコミュニケーションをサポート。必要なツールを提供し、プロジェクトを円滑に進めます。

メリット

ナビゲーターのサポートにより、プロジェクトの運営がスムーズになります。自分の時間を節約し、他の重要な作業に集中できます。

デメリット

ナビゲーターのサービス料金が発生します。

【代理店】

プロジェクトの全体を代行して運営し、マーケティングやプロモーションも含めて行います。

メリット

代理店に任せることで、自分は他の重要な業務に集中できます。専門知識と経験を持つ代理店に依頼することで、プロジェクトの成功率が高まります。

デメリット

代理店のサービス料金が発生します。

プロジェクトを自分ですべて行うことも可能ですが、**成功率を高めるためには専門家のサポートを受けたほうがいいでしょう。**

コンサルタント、ナビゲーター、代理店のそれぞれの役割と利点を理解し、プロジェクトの規模や目的に応じて最適なサポートを選択することが重要です。

次のポイントを参考にしてください。最適なサポートを選ぶことで、プロジェクトの成功率を高めることができます。

【サポートを受けるときのポイント】

- 小規模なプロジェクトや予算が限られている場合は、可能な限り自分で行い、一部の専門知識が必要な部分だけコンサルタントを利用。
- 中規模のプロジェクトでは、ナビゲーターを利用してプロジェクトの運営をサポートしてもらう。
- 大規模なプロジェクトや成功率を最大化したい場合は、代理店に全体の運営を依頼する。

第3章

クラファンは「ストーリー作り」ですべてが決まる！

◉「ストーリー作り」のための5つのポイント

クラファンの成功において、「ストーリー作り」は非常に重要です。

ストーリーとは、「この人なら応援したい！」と思わせる共感を喚起するものです。

それでは、効果的なストーリー作りのための５つのポイントをお話します。

ポイント❶情熱を伝える

個人的な動機…なぜこのプロジェクトに取り組んでいるのか、個人的な背景やストーリーを共有することで、支援者の共感を得ることができます。自分自身の過去の体験がベースにあると想いが伝わりやすいです。

ビジョン…プロジェクトが成功したら、どのような変化や影響があるのかを明確に描くことが大事。なぜ誰を応援し、どうしたいのかがはっきりしていると、心を揺さぶることができます。

ポイント❷明確な目標

具体的なゴール…達成したい具体的な目標と、それに必要な資金額を明確にします。

計画…プロジェクトがどのように進行するのかを計画し、支援者がどの段階でどのような成果を期待できるかを伝えます。

ポイント❸ビジュアルの活用

画像と動画…プロジェクトやその進行状況を視覚的に示します。ビジュアルは感情に訴えかけやすいです。

ポイント❹信頼性の確保

過去の実績…以前の経験や成功事例を紹介し、支援者に対する信頼を築きます。

チームの紹介…プロジェクトチームに携わるメンバーを紹介し、それぞれの専門性や経験をアピールします。

推薦者の紹介…専門知識や経験を持ち、影響力のある人に推薦者になってもらい、推薦文を掲載します。

◉クラファン準備の8つのステップ

クラファンの成功には、準備が企画そのものよりも重要と言ってもよいでしょう。

次に、クラファンの準備において重要な8つのステップをまとめます。これらの準備を怠らないことで、成功率は大幅に向上します。準備に十分な時間と労力をかけることが、プロジェクトの成功への鍵となります。

ステップ❶リサーチ

市場調査…あなたのプロジェクトに対する需要や関心を確認するために、ターゲット市場を調査します。

競合分析…同じようなプロジェクトがどのように成功しているか、または失敗しているかを分析します。

ステップ❷プラットフォーム選び

適切なプラットフォーム…複数のプラットフォームがあります。それぞれの特徴や手数料を比較し、最適なプラットフォームを選びます。

ステップ❸プロジェクトの計画

詳細な計画…プロジェクトの各ステップ、予算、スケジュールを詳細に計画します。

リターン設計…支援者に提供するリターン（報酬）を計画し、コストと供給可能性を考慮します。

ステップ❹コミュニティの構築

コミュニティの構築…SNSやメールリストなどを活用して、プロジェクトの興味を引くコミュニティを構築します。

ティザー告知…プロジェクトの興味を引くためのティザー動画や画像を作成し、シェアします。

ステップ❺プロモーション準備

プロモーション戦略…どのようにプロジェクトを告知するかの戦略を立てます。

メディア関係…プレスリリースを準備し、メディアにアプローチします。

ステップ❻コンテンツの準備

プロジェクトページ…魅力的で詳細なプロジェクトページを作成し、ビジュアルやテキストでプロジェクトの価値を伝えます。

動画制作…プロジェクトを紹介する動画を制作し、ストーリーを効果的に伝えるためのツールとします。

ステップ❼スケジュールの設定

スケジュールの確立…クラファンの期間中に行うべきアクションのスケジュールを設定し、計画に従います。

ステップ❽テストマーケティングとフィードバック

テストマーケティング…テストを実施し、フィードバックを収集して改善点を見つけます。

フィードバックの反映…得られたフィードバックを元に、プロジェクトページやプロモーション戦略を改善します。

◉「魅力的なプロジェクト」を構築する8つのポイント

クラファンの成功には、**「魅力的なプロジェクト」を構築することが不可欠**です。

これらの方法を実践することで、プロジェクトを魅力的かつ効果的に構築し、支援者の関心を引きつけることができます。

ポイント❶情熱と目的を明確にする

情熱を伝える…なぜこのプロジェクトを行うのか、あなたの情熱や動機を具体的に伝えることで支援者の共感を得ます。

明確な目的…プロジェクトの社会的・個人的な意義を明確に示します。

ポイント❷ストーリーを重視する

感情に訴えるストーリー…個人的な経験やエピソードを取り入れたストーリーを作り、支援者が感情的に共感できるようにします。

ビジュアルコンテンツ…写真や動画を活用して、プロジェクトのビジョンや進行状況を視覚的に示します。

ポイント❸プレゼンテーション

質の高い動画…プロジェクトの紹介動画は高品質を目指し、明確で魅力的なメッセージを伝えます。

デザインとレイアウト…プロジェクトページのデザインやレイアウトにも注意を払い、見やすく魅力的なページを作成します。

ポイント❹具体的な計画と透明性

詳細な計画…プロジェクトの各ステップや予算、リスク管理などを詳細に説明します。

透明性の確保…資金の使い道やプロジェクトの進行状況を明確にし、支援者に対する透明性を確保します。

ポイント❺リターンの魅力

魅力的なリターン…支援者に対するリターンを魅力的に設計し、彼らが支援したくなるような内容にします。

段階的なリターン…異なる支援額に応じて、多様なリターンを提供し、支援者が自分に合ったリターンを選べるようにします。

ポイント❻コミュニティの構築

早期の訴求…プロジェクト開始前からＳＮＳやメールリストを活用し、コミュニティを構築します。

フィードバックの受け入れ…支援者や応援者からのフィードバックを積極的に受け入れ、プロジェクトの改善に役立てます。

ポイント❼プロモーション戦略

メディアとの連携…プレスリリースを作成し、プロジェクトを広く知ってもらうためにメディアとの連携を図ります。

インフルエンサーとの協力…インフルエンサーや各分野の著名人と協力し、プロジェクトの露出を高めます。

ポイント❽熱意とアップデート

定期的なアップデート…プロジェクトの進行状況などの活動報告を定期的に更新し、支援者に最新情報を提供します。

熱意の維持…コメントや質問に迅速に対応し、支援者とのコミュニケーションを大切にします。

●「共感」を得るための7つのポイント

クラファンにおいて**「共感」を得ることが成功の鍵**となります。支援者は共感じたときに、プロジェクトに対する支援や参加を積極的に行います。

ポイント❶あなただけのストーリーを伝える

個人的な背景を共有…プロジェクトに取り組む動機や個人的な経験を語り、支援者に自分とのつながりを感じてもらいます。

感情に訴えるエピソード…困難を乗り越えた経験や情熱を示すエピソードを取り入れ、支援者の心を動かします。

ポイント❷明確なビジョンと目的

プロジェクトの意義を伝える…プロジェクトがどのような問題を解決し、どのような社会的な価値をもたらすのかを明確に説明します。

具体的な目標…達成したい具体的な目標を設定し、支援者に進行状況を把握してもらえるようにします。

ポイント❸透明性と信頼性の確保

資金の使い道を明確にする…集めた資金がどのように使われるのかを詳細に説明し、支援者に安心感を与えます。

過去の実績を示す…これまでの実績や成功例を紹介し、プロジェクトの信頼性を高めます。

ポイント❹ビジュアルとメディアの活用

質の高いビジュアルコンテンツ…プロジェクトの紹介動画や写真を高品質にし、視覚的に訴えるコンテンツを提供します。

ビデオメッセージ…プロジェクトの進捗状況や裏話を動画で共有し、支援者との距離を縮めます。

ポイント❺熱意の盛り上げ

支援者との対話…コメントやメッセージに積極的に応答し、支援者との対話を大切にします。

アップデートの提供…定期的にプロジェクトの進行状況を更新し、支援者に最新情報を提供します。

ポイント❻コミュニティの構築

SNSの活用…Facebook・X・InstagramなどのSNSを活用して、プロジェクトの情報を広め、支援者とのつながりを強化します。

ライブ配信…オンラインでのライブ配信を通じて、支援者との交流を深めます。

ポイント❼魅力的なリターンの提供

支援者が喜ぶリターン…支援者が魅力を感じるリターンを提供し、支援の動機を高めます。

これらの方法を活用することで、支援者からの共感を得やすくなり、クラファンの成功確率が高まります。共感は信頼関係の基盤となり、プロジェクトの長期的な成功にもつながります。

◉プロジェクト主催者の「過去・現在・未来」がストーリーを作る

クラファンでは、**プロジェクト主催者の「過去・現在・未来」がストーリーを作り、支援者の共感を引き出すための重要な要素**となります。これらの要素を組み合わせて、支援者に共感されるストーリーを作り上げることがクラファンの成功に繋がります。

それでは、それぞれの要素をどのように活用してストーリーを構築するかについてご説明します。

【過去（ヒストリー）】

背景と経験の共有…主催者の個人的な背景やこれまでの経験を共有し、プロジェクトに至るまでの道のりを語ります。これには成功体験だけでなく、失敗や困難を乗り越えたエピソードも含めると共感を得やすくなります。

過去の実績…関連する過去のプロジェクトや実績を紹介し、信頼性を高めます。これにより、支援者は主催者がこのプロジェクトを成功させる能力があると確信します。

【現在（現在の状況）】

現在の挑戦と状況…プロジェクトが現在どのような段階にあり、どのような挑戦に直面しているのかを明確に伝えます。これにより、支援者はプロジェクトの現状を理解し、支援の必要性を感じることができます。

リアルタイムのアップデート…プロジェクトの進行状況をリアルタイムで更新し、支援者に最新情報を提供します。これには、動画やブログ投稿、ＳＮＳの更新が含まれます。

【未来（ビジョンと目標）】

明確なビジョン…プロジェクトが成功した場合に達成される未来のビジョンを描写します。このビジョンは具体的であり、支援者がその実現に向けて貢献していると感じられるものにします。

長期的な影響…プロジェクトが社会やコミュニティに与える長期的な影響を説明し、支援者が自分の支援がどれだけ重要かを理解できるようにします。

【ストーリーを構築するための5つのステップ】

ステップ❶イントロダクション（導入）…プロジェクト主催者の自己紹介や、プロジェクトを始めるきっかけとなった出来事を紹介します。

《例》「私は○○です。このプロジェクトを始めるきっかけは、○年前に経験した○○という出来事でした」

ステップ❷過去の物語…主催者の過去の経験や挑戦、成功と失敗のエピソードを通じて、プロジェクトに至るまでの道のりを語ります。

《例》「○○年に私は○○を経験し、その時に学んだことや感じたことが、今回のプロジェクトに繋がっています」

ステップ❸現在の状況…現在直面している課題や、プロジェクトが現在どの段階にあるかを具体的に説明します。

《例》「現在、私たちは○○の段階にあり、直面している最大の課題は○○です」

ステップ❹未来のビジョン…プロジェクトが成功したときに達成される具体的な未来のビジョンを描写し、その実現がどのように社会に影響を与えるかを示します。

《例》「このプロジェクトが成功すれば、○○な未来が待っており、社会に対して○○な影響を与えることができます」

ステップ❺結論と呼びかけ…支援者への感謝の気持ちを述べるとともに、支援の重要性を強調し、具体的な支援方法を呼びかけます。

《例》「皆様の支援がこのプロジェクトの成功に欠かせません。どうかご協力をお願いいたします」

●「誰を応援したいのか」を明確にする

クラファンの成功には、**「誰を応援したいのか」を明確にすることが重要**です。支援者はプロジェクトだけでなく、その背後にいる人々やコミュニティにも共感し、支援したいと感じるものです。

これらの方法を活用することで、**支援者が「誰を応援したいのか」を明確に理解し、プロジェ**

クトへの共感と支援が高まります。そのための7つのポイントをお話しします。

ポイント❶ターゲット層の設定

ペルソナの設定…支援者として想定する人物像（ペルソナ）を具体的に設定します。年齢、性別、職業、興味・関心などを明確にします。

ニーズの理解…設定したペルソナが何を求めているのか、どのような問題を抱えているのかを理解し、それに対してどのように応えるかを考えます。

ポイント❷プロジェクトの背後にいる人々を紹介

チームメンバーの紹介…プロジェクトに関わるチームメンバーを紹介し、それぞれの役割や背景を説明します。これにより、支援者はプロジェクトに対する信頼感を持ちやすくなります。

個人的なストーリー…プロジェクト主催者やチームメンバーの個人的なストーリーや動機を共有します。これにより、支援者は彼らの情熱やビジョンに共感できます。

ポイント❸コミュニティへの貢献

コミュニティの声を取り入れる…プロジェクトが対象とするコミュニティの声を取り入れ、どのようにそのコミュニティに貢献するのかを明確にします。

パートナーシップ…地元の団体や他のプロジェクトと協力している場合、それを紹介し、広範なサポート基盤があることを示します。

ポイント❹透明性と誠実さ

透明性の確保…資金の使い道やプロジェクトの進行状況を明確にし、支援者に対する透明性を保ちます。

誠実なコミュニケーション…支援者とのコミュニケーションを大切にし、誠実な対応を心掛けます。質問やコメントには迅速かつ丁寧に対応します。

ポイント❺感謝の気持ちを示す

感謝の表現…支援者に対する感謝の気持ちを明確に示します。これは、プロジェクトページや更新情報、リターンなどを通じて行います。

応援者への感謝…ＳＮＳなどで拡散してもらった応援者への感謝を伝え、彼らの応援がどれだけ重要かを強調します。

ポイント❻ビジュアルとストーリーテリングの活用

ビジュアル…写真や動画を使って、プロジェクトに関わる人々やコミュニティの姿を具体的に見せます。

ストーリーテリング…個人やコミュニティのストーリーを語り、支援者が感情的に共感できるようにします。

ポイント❼唯一無二のリターン

リターン…支援者一人ひとりに感謝の気持ちを込めた唯一無二のリターンを提供します。これにより、支援者は自分が特別な存在であると感じます。

《例》「私たちのプロジェクトを支援してくださった方には、特別にオリジナルの○○をリターンとしてご用意しました。地元のアーティストである○○さんが心を込めてデザインされたものです」

第4章
支援者を魅了するコピーライティングとは

◉コピーライティング作成のための9つのポイント

クラファンのプロジェクトでは、魅力的なコピーライティングが重要です。コピーライティング作成のための9つのポイントを紹介します。

1　魅力的なタイトルを作る

プロジェクトのタイトルは、最初に目にする部分です。短くて覚えやすいタイトルにしましょう。具体的で、何を実現したいのかが一目でわかるようにします。

2　物語を語る

クラファンの支援者は、プロジェクト自体だけでなく、その背後にある情熱やストーリーにも共感します。なぜこのプロジェクトを始めたのか、どんな課題を解決しようとしているのかを伝えましょう。

3　具体的な目標を設定する

プロジェクトの目的や目標を明確にすることは重要です。支援者が何に対して支援するのか、具体的に知ることで信頼感が増します。

4　誰にとって有益かを示す

プロジェクトが誰にとってどのように有益であるかを明確にしましょう。対象者がそのプロジェクトから得られる具体的な利益を示すことで、支援の動機付けになります。

5 視覚的な要素を活用する

言葉だけでなく、視覚的な要素（写真や動画）も効果的に使いましょう。プロジェクトのビジュアルを見せることで、支援者に具体的なイメージを持ってもらえます。

6 緊急性と限定性を訴える

支援者に早期のアクションを促すために、プロジェクトの期限や限定的なリターン（特典）を設定しましょう。人数限定特典や早期支援者特典などが有効です。

7 信頼性を高める要素を加える

プロジェクト主催者のプロフィール欄には、過去のビジネスでの実績やメディアでの紹介実績、所属コミュニティなど信頼性を高める要素を記載すると良いでしょう。

8 支援者との関係を築く

支援者とのコミュニケーションを大切にし、プロジェクトの進行状況を定期的に更新することで信頼関係を築きます。

9 推薦者を加える

クラファンのプロジェクトの推薦者としてふさわしい人は、専門知識や経験を持ち、影響力があり、プロジェクトに対して情熱を持っている人物です。

また、過去に成功した経験者や信頼と尊敬を得ている人物、メディア露出が多い著名人、関連する業界の企業なども効果的な推薦者となり得ます。

推薦者の選定はプロジェクトの成功に大きな影響を与えるため、慎重に行うことが重要です。以下に、推薦者としてふさわしい人の特性や条件を挙げます。

・プロジェクトに関連する専門知識や経験を持つ人

推薦者がプロジェクトの内容に関して専門的な知識や経験を持っていると、プロジェクトの信頼性が高まります。

例えば、健康食品であれば専門分野の医師や大学教授・著者など、美容系の製品であれば皮膚科の医師・美容研究家・著者・大学教授など、テクノロジー製品なら大学教授や関連分野企業のエンジニア・技術評論家など、アートやデザインプロジェクトであれば著名なアーティストやデザイナーなど、環境保護プロジェクトなら環境研究家や環境保護活動家などが適しています。

・公共の場で影響力がある人（インフルエンサー）

ＳＮＳで多くのフォロワーを持つインフルエンサーは、プロジェクトの認知度を大きく向上させることができます。フォロワーに対して影響力があり、彼らの意見が信頼されていることが重要です。

・プロジェクトに情熱を持っている人

推薦者がプロジェクトに対して強い情熱や関心を持っていると、その情熱が支援者に伝わりやすくなります。プロジェクトのビジョンや目的に共感し、積極的にサポートする意欲がある人が理想的です。

・過去に成功したクラファン・プロジェクトの経験者

過去にプロジェクトを成功させた経験がある人は、その経験とノウハウを活かしてプロジェクトを支援できます。彼らの成功事例を共有することで、新たなプロジェクトの信頼性を高めることができます。

・コミュニティ内での信頼と尊敬を得ている人

地域コミュニティやオンラインコミュニティ、特定の業界内で信頼と尊敬を得ている人は、彼らの推薦によって多くの支援者を集めることができます。彼らの言葉には重みがあり、プロジェクトの信頼性を高めることができます。

・メディア露出が多い著名人

著名な大学教授・コメンテーター・著者などの文化人、俳優、アスリート、アーティストなど、広く知られている人物は、プロジェクトの認知度を大幅に向上させることができます。

メディア露出が多いことで、プロジェクトが多くの人々の目に触れる機会が増えます。

・関連する業界の企業

プロジェクトに関連する業界の企業が推薦者として関与することで、プロジェクトの信頼性と信用が向上します。

特に、健康・美容・テクノロジーのプロジェクトならば関連する企業との協力が有効です。

クラファンのコピーライティングでは、感情に訴えかけるストーリーや具体的な目標、視覚的な要素などを効果的に組み合わせることで、支援者を引きつけることができます。これらのポイントを参考に、魅力的なプロジェクトページを作成しましょう。

●プロジェクトのインパクトあるタイトルとは

プロジェクトのタイトルは、プロジェクトの第一印象を決定づける重要な要素です。インパクトのあるタイトルは、プロジェクトの成功に大きな影響を与えます。

簡潔でわかりやすく、具体的なメリットを示し、感情に訴えかけることで、支援者の興味を引き、支援を促すことができます。

次の5つのポイントを参考にして、魅力的なタイトルを作成してください。

ポイント❶簡潔でわかりやすい…タイトルは短く、一目でプロジェクトの核心が伝わるようにする

タイトルの長さは非常に重要で、理想的な文字数は25〜30文字です。短くて覚えやすく、S

NSや検索エンジンでの表示に最適です。検索エンジンは短くてわかりやすいタイトルを好みます。また、SNSではタイトルが短いと全て表示されやすく、ユーザーの関心を引きやすくなります。

ポイント❷具体的なメリットを示す…支援者がプロジェクトから得られる利益や価値を伝える

目的や目標を明確に示し、支援者がすぐに理解できるようにしましょう。

ポイント❸感情に訴えかける…共感や興味を引く言葉を使い、支援者の感情に訴える

タイトルには感情を揺さぶる言葉やフレーズを取り入れると効果的です。共感や興味を引くことで支援者の心がつかめます。

ポイント❹ユニークで覚えやすい…他のプロジェクトと差異化するため、独自性を持たせることが重要

特別な特徴や価値を強調しましょう。

ポイント❺行動を促しつつ、プロジェクトの目的を明確に伝える

タイトルを工夫することで、プロジェクトの成功に向けた第一歩を確実に踏み出しましょう。

なお、タイトルが頭に浮かばないという人は、普段からテレビCM・書籍のタイトル・雑誌の見出し・YouTube のタイトルなどを興味を持って見ておくと感覚が磨かれます。

一流の広告業界のコピーライターや出版社の優秀な編集者・有名ユーチューバーたちが頭をひねって生みだした言葉は宝の山です。多くの言葉の中で、自分自身が魅力的だと思う言葉をチェックしておいてヒントにすればいいでしょう。

例えば、プロジェクトのターゲット層が読む雑誌から、ターゲットが好むワードを知ることができます。

◉プロジェクトで引き込む文章の書き方

プロジェクトページにおいて、支援者を引き込むための文章を書くためには、ストーリーテリングの技術と感情に訴えかける要素が重要です。

以下に、引き込む文章を書くための具体的な手順を示します。

(1) 強力なイントロダクション

第一印象が大切です。プロジェクトの核となる魅力を最初に伝えましょう。

(2) 物語として語る

プロジェクトがどのように始まったのか、なぜこのプロジェクトが重要なのかというストーリーを物語形式で語りましょう。

(3) 問題点と解決策

支援者が共感できる問題点を提示し、その問題に対する具体的な解決策を示します。

(4) 具体的な目標と進行状況

プロジェクトの目標や進行状況を具体的に示し、支援者がどのように貢献できるかを明確にします。

(5) 誰にとってメリットがあるのか

プロジェクトがどのように対象者や社会全体に利益をもたらすかを説明します。

(6) 緊急性と限定性

支援を呼びかける際には、緊急性や限定性を強調しましょう。早期支援者に対する特典なども効果的です。

《例》「私たちのプロジェクトは、初期段階での支援が特に重要です。早期支援者には、特別なリターンとして限定版の〇〇をプレゼントします。今すぐ支援して、プロジェクト盛り上げにご協力ください！」

(7) 信頼性を高める要素

過去の実績やメディアでの紹介・所属コミュニティなど、信頼性を高める情報を提供します。

(8) コミュニティとの関係を築く

支援者とのコミュニケーションを大切にし、プロジェクトの進行状況を定期的に更新することを伝える。

引き込む文章を作成するには、感情に訴えかける物語、具体的な目標と進行状況、支援者が得られるメリット、信頼性を高める要素などを効果的に組み合わせることが重要です。これらのポイントと例を参考に、魅力的なプロジェクトページを作成してください。

◉プロジェクトページでの画像・動画の活用方法

プロジェクトで画像や動画を効果的に活用することは、支援者の興味を引き、プロジェクトへの信頼感と魅力を高めるために非常に重要です。

次に効果的な画像や動画を選び活用するための具体的なポイントを説明します。

【画像の活用方法】

高品質な写真を使用する

高いクオリティ…ピントが合っていて、明るさや色合いが適切な高品質の写真を使用しましょう。スマートフォンのカメラ機能であっても、十分な照明と背景の工夫などで上質な写真が撮影できます。画像の解像度が高ければ印刷物に使用してもきれいに見えます。

視覚的に魅力的…プロジェクト主催者や商品・イベントなどの写真は、視覚的に魅力的であることが重要です。支援者の目を引くような構図や背景を考慮しましょう。商品の場合は質感・機能をしっかり見せるために、特徴を強調する角度から撮影し、支援者がその価値を理解しやすいようにします。

物語を伝えられる写真を選ぶ

開発プロセスの写真…プロジェクト対象の商品であれば開発過程、映画であれば撮影風景、書籍であれば装丁デザインの制作過程、イベントであれば準備風景、プロジェクト主催者やチームが行動している様子を撮影することで、プロジェクトの臨場感を伝えられます。

使用シーンの写真…プロジェクト対象が商品であれば、実際に使用されている場面の写真を提供することで、支援者がその商品の使用イメージを持ちやすくなり、生活をどのように改善するかを視覚的に示すのに役立ちます。

プロジェクト対象がイベントであれば、類似イベントに参加者が集まっている様子の写真を提供することで、支援者自身がそのイベントに参加したイメージが頭に広がります。

ビフォーアフターの写真を使う

変化を示す…プロジェクトがどのような影響を与えるかを視覚的に示すために、ビフォーアフターの写真を使いましょう。

例えば、ダイエットの健康食品であれば、使用前と後の写真を並べることで、その変化が一目でわかります。

情報やデータを視覚的に表現する

図・チャート・イラストなどを組み合わせて、情報やデータをわかりやすくします。数字やデータを視覚化することで、支援者が情報を直感的に理解しやすくなります。

無料で利用できる写真は注意が必要

イメージをわかりやすく表現するために無料写真を利用することは可能です。ただし、著作権とライセンスの確認などに注意する必要があります。

写真がどのようなライセンスの下で提供されているかを確認します。クラファンは商用活動とみなされることが多いため、商用利用が許可されている写真を選びます。

一部のライセンスでは、写真の作者にクレジットを与えることが求められていますので、その場合は適切に記載します。

【動画の活用方法】

ストーリー動画

物語形式で伝える…プロジェクトの背景やビジョンを物語形式で伝えることで、視聴者の共感を呼び起こします。

感情に訴える…音楽やナレーションを使って感情に訴える内容にします。

プロジェクトの紹介動画

長さ…1～3分程度の短い動画にまとめます。長すぎると視聴者の注意が散漫になりがちです。

冒頭で注目を引く…最初の10秒で視聴者の興味を引き、続きを見てもらえるようにします。

明確なメッセージ…プロジェクトの目的、背景（問題点など）、解決策、目標を簡潔に説明します。視覚的な要素を交えながら、プロジェクトの価値を伝えましょう。

感情に訴える…動画では音楽やナレーションを使って感情に訴えることができます。視聴者の共感を得るために、感動的なストーリーや情熱的な語り口を取り入れましょう。

デモンストレーション動画

商品やサービスのデモンストレーション…商品やサービスの使用方法や機能を実演する動画を提供することで、支援者がその価値を理解しやすくなります。

リアルな使用シーン…実際に製品がどのように使われるかを示すことで、支援者がその製品の使用シーンを具体的にイメージできるようにします。

プロジェクト主催者の自己紹介・チームの紹介動画

プロジェクト主催者の自己紹介…自分自身の肉声で語りかけることで、支援者との信頼関係を築きます。経験・背景や情熱を伝えることで、プロジェクトへの信頼感を高めます。

チームメンバーの紹介…主催者以外にプロジェクトに関わるメンバーがいれば、メンバー紹介することで、支援者との信頼関係を築きます。メンバーの顔を見せ、背景や情熱・専門知識を伝えることで、プロジェクトへの信頼感を高めます

舞台裏の映像

プロジェクトの舞台裏を見せることで、支援者がプロジェクトの進行状況や努力を理解しや

すくなります。

進捗状況のアップデート動画

プロジェクトの進捗状況を定期的に動画で報告することで、支援者に安心感を与えます。また、支援者とのコミュニケーションを強化するためにも有効です。

支援者への感謝動画

支援者への感謝の気持ちを伝え、プロジェクトに対する感謝の意を示します。支援者の名前やメッセージを動画内で紹介すると、支援者がプロジェクトに対してより一層の愛着を感じます。

画像や動画を効果的に活用することで、クラファンプロジェクトの魅力を最大限に伝えることができます。

高品質なビジュアル素材を使用し、ストーリーを伝えることで、支援者の共感と信頼を得ることができます。

プロジェクトの進行状況を定期的にアップデートし、支援者との関係を築くことも重要です。

これらのポイントを参考にして、魅力的なプロジェクトページを作成しましょう。

第5章 効果的なマーケティング戦略とは

◉プロジェクトの主な支援者とは

クラファンのプロジェクトにおけるメインの支援者は、プロジェクトの性質やターゲット市場によって異なりますが、一般的には次のようなカテゴリーの人々が支援者となります。

友人・知人や親族

最も信頼できる身近な人々は、プロジェクトを初期に支援する最初のグループになります。彼らは情熱や信念に共感し、プロジェクトを応援してくれることが多いです。

既存のファンやSNSフォロワー

既に個人や企業の活動を知っているファンや以前からSNSフォローしている人は、新しいプロジェクトにも関心を持ち、支援する傾向があります。

特定のコミュニティや興味を持つ人々

プロジェクトが特定の趣味や興味に関連している場合、そのコミュニティのメンバーが主な支援者になります。

社会的影響を求める人々

社会的な影響や貢献を重視するプロジェクト（環境保護・教育・医療など）には、社会貢献に対する意識の高い支援者が多く集まります。

インフルエンサーや業界の専門家

業界のインフルエンサーや専門家がプロジェクトを支援することで、そのフォロワーも支援に興味を持つことがあります。

革新志向が高く早期採用する人々

新しい技術や製品に興味を持ち、早期に採用することを好む人々は、特にテクノロジー関連のプロジェクトに対する支援者となりやすいです。

地域コミュニティ

地域に関連したプロジェクトでは、その地域の住民や地元企業の経営者が支援者となることが多いです。

企業経営者

プロジェクトによっては、企業が広告宣伝・販売促進・企業イメージアップなどの効果を期待して支援者になることがあります。

◉プロジェクトのターゲット設定のポイント

【ターゲットを幅広く意識する】

プロジェクトの内容や目的によりますが、クラファンのプロジェクトのターゲットを幅広く意識することは大事なことです。

プロジェクトのターゲットを設定する際に、主婦、学生、会社員、経営者といった幅広い層を意識することのメリットとデメリットを挙げてみます。

メリット①支援者の数が増える…多くの人々にリーチできる可能性が高まり、支援者の数が増える可能性があります。

メリット②多様な視点を得られる…様々なバックグラウンドを持つ支援者からのフィードバックや意見を得ることで、プロジェクトを多角的に改善することができます。

メリット③社会的なインパクトが大きい…幅広い層に訴求することで、プロジェクトが広く認知され、社会的なインパクトが大きくなります。

デメリット…メッセージ性が曖昧になる、異なるマーケティング展開の必要があり予算やリソースが分散してしまう。

【全国を視野に入れる】

クラファン・プロジェクトのマーケティングでは、一般的には全国的な広がりを意識することが重要です。次の理由から、全国を意識したマーケティングを考えると良いでしょう。
メリット①支援者の拡大…クラファンは多くの支援者を集めることが成功の鍵です。全国的にプロジェクトを広めることで、支援者の数を増やすことができます。

メリット②認知度向上…全国的に認知されることで、プロジェクトの信頼性や知名度が上がります。これにより、さらに多くの支援者を引きつけることができます。

メリット③拡散効果…プロジェクトが広く知られることで、口コミやＳＮＳを通じた拡散が期待できます。これにより、予想以上に多くの人々に伝えることができます。

メリット④メディアの注目…全国的に注目されることで、メディアにも取り上げられやすくなります。これにより、プロジェクトの露出がさらに増えます。

もちろん、プロジェクトが地域密着型の場合や特定のコミュニティを対象としている場合は、全国規模ではなく、ターゲットを絞ったマーケティングが効果的なケースもあります。

その場合でも、オンラインの広がりを意識して、興味を持ちそうな全国のユーザーにも情報を届けることを考えると良いでしょう。

特に、プロジェクトが全国的に関心を引くものであれば、広くターゲットを設定することで、多くの支援者を得られる可能性が高まります。

ＳＮＳやインターネットを通じて拡散されやすい内容であれば、全国的なターゲットを意識することで、より多くの人々にリーチできます。

また、プロジェクトが大規模であり、多くの資金を必要とする場合、全国的なターゲットを設定することで、必要な資金を集めやすくなります。

【世界を視野に入れる】

クラファンのプロジェクトにおけるメインの支援者を海外まで意識することは、プロジェクトの成功にとって非常に重要です。

支援者の層を広げる

海外まで意識することで、支援者の層を広げ、多様な人々からの支援を得ることができます。これにより、資金調達の可能性が高まります。

マーケットの拡大

海外市場にも目を向けることで、製品やサービスの認知度を高め、新たな市場を開拓する機会が生まれます。

プロジェクトの信頼性向上

海外の支援者からの支持を得ることで、プロジェクトの信頼性や国際的な評価が向上します。これにより、さらなる支援を呼び込むことができます。

口コミ効果

海外の支援者がプロジェクトを支援し、その情報をシェアすることで、さらに多くの人々にプロジェクトが広まります。ネットワーク効果が生まれ、支援の輪が広がります。

多様な視点とフィードバック

海外の支援者からの意見やフィードバックを得ることで、プロジェクトの改善点や新たなアイデアを発見することができます。グローバルなフィードバックにより、プロジェクトの質を高めることができます。

競争力の向上

海外の支援者にアピールすることで、プロジェクトや製品の競争力を高めることができます。これは、将来的なビジネス展開にも有利に働きます。

◉ＳＮＳの活用方法

クラファンのプロジェクトにおけるＳＮＳの活用は、成功の鍵となる重要な要素です。次に具体的なＳＮＳ活用方法をいくつか紹介します。

プロジェクトの開始前準備

ＳＮＳアカウントの整備…主たるＳＮＳのアカウントを作成し、プロジェクトのブランドイメージに合ったプロフィールやビジュアルを整えます。

フォロワーを増やす…キャンペーン開始前に、関連するコミュニティに参加したり、自分から興味を持ってもらえそうな人にフォローする等によりフォロワーを増やします。そして、質の高いコンテンツを投稿することで関心を引きます。

事前告知コンテンツ…プロジェクトの予告編を投稿し、興味を引くコンテンツを事前に配信します。

キャンペーン中のSNS活用

定期的な更新…プロジェクトの進捗状況を定期的に投稿します。支援者への感謝のメッセージや新しいリターンの情報などを共有します。

エンゲージメント…フォロワーとの対話を積極的に行い、質問に答えたり、コメントに返信したりします。これにより、コミュニティの絆が深まり、支援者の関心がさらに高まります。

ライブ配信…Facebookライブやinstagramライブなどで配信することは、視聴者に共感される可能性が高く、SNS活用の中でも効果的な手法です。

プロジェクト開始にいたる物語を自分自身の言葉で伝えることは心に響きます。進行状況もリアルタイムで共有していきます。

質疑応答もできるようにすることで、支援者との双方向のコミュニケーションを促進します。プロジェクトに共感されている人との対談も効果的です。

音声SNS…X（旧ツイッター）スペース・クラブハウス・Podcast・スタンドエフエムなどの音声SNSも、生の声が想いを伝えやすく、コミュニケーション効果が高いです。

SNSシェアの促進…支援者に対して、プロジェクトの情報をシェアするよう呼びかけます。シェアすることでリワードを追加するなどのインセンティブを提供するのも効果的です。

ビジュアルコンテンツの活用

高品質な画像と動画…ＳＮＳでの投稿には魅力的な画像や動画を使用します。プロジェクトのコンセプトや進行状況を視覚的に伝えることで、関心を引きます。

広告の利用

ターゲティング広告…FacebookやX、Instagramなどで、特定のターゲットオーディエンスに向けた広告を設定します。地域、年齢、興味関心などに基づいて広告をカスタマイズします。

リマーケティング…過去にプロジェクトページを訪れたが支援しなかった人々に対して、リマーケティング広告を使用して再度関心を引きます。

インフルエンサーとのコラボレーション

関連する分野のインフルエンサーに連絡を取り、プロジェクトの紹介やレビューを依頼します。彼らのフォロワーに対してプロジェクトを効果的に紹介することができます。

インフルエンサーと共同でキャンペーンを実施してＳＮＳ上でのエンゲージメントを高めることも可能です。

プロジェクトの終了後

キャンペーンの結果や達成した目標をＳＮＳで共有し、支援者への感謝の気持ちを伝えます。

具体的なＳＮＳの活用例

Facebook…グループやページを活用して、詳細な情報を提供します。ライブやイベント機能も有効なツールです。

X（旧ツイッター）…短いメッセージを使用して、迅速に情報を拡散します。リアルタイムの更新に適しています。予約投稿機能を活用すれば、毎日同じ時間での投稿も可能です。音声SNSのスペースも利用すればさらに効果的です。

Instagram…ストーリーズやリールを活用して、プロジェクトの魅力を視覚的に伝えます。

Xスペース…音声SNS。音声のほうが文字よりも感情が伝わりやすいので、リアルタイムで熱量を届けられます。Xのフォロワーに直接リーチでき、スペース開催中でも投稿することで、参加者がシェアしやすいので拡散性が高いツールと言えます。

クラブハウス…音声SNS。ルームを開きプロジェクトの背景や想いを自分自身の声で伝えられ、質問を受け付けることで、不安を解消し共感を得ることができるので、クラファンに向いているツールです。

YouTube…プロジェクトの紹介動画や進捗報告動画をアップロードし、詳細な説明を行います。

TikTok…15秒から60秒程度のキャッチーで興味を引くコンテンツを作成します。プロジェクトの概要やユニークな特徴を簡潔に紹介します。

ブログ…noteやアメーバーブログなどのブログは想いを伝えるために有効です。

トータルコミュニケーション…Facebook・X・Instagram・YouTube・TikTokなどSNSで一貫したメッセージを発信します。

ウェブサイト・メールマガジン…プロジェクトのリンクをウェブサイトやメールマガジンなどにも追加し、既存のフォロワーに知らせます。

定期的な更新

進捗状況の報告…プロジェクトの進行状況や商品・サービスの開発状況を定期的に報告し、支援者に最新情報を提供します。

◉ライブ活用の有効性

ライブは、クラファン・プロジェクトのプロモーションにおいて非常に効果的なツールです。活用のポイントを紹介します。

リアルタイムのコミュニケーション

支援者や潜在的な支援者とリアルタイムで直接対話することができるため、信頼関係を築きやすくなります。質問に即座に答えることで、疑問や不安を解消し、支援を促進します。

感情の共有

ライブを通じてプロジェクトに対する情熱や熱意を直接伝えることができます。視聴者はプロジェクト主催者の情熱を感じ取りやすくなり、共感を呼びやすくなります。

視覚的な説明

商品の使い方や製作過程をリアルタイムでデモンストレーションすることで、視聴者に具体的なイメージを提供できます。これにより、プロジェクトの価値をより理解してもらえます。

熱意の向上

視聴者が質問を投稿したり、コメントを残したりできる双方向な形式にすることで、視聴者の熱意を高めることができます。参加型のイベントにすることで、コミュニティ感が生まれます。

限定的な情報公開

ライブでしか得られない情報や特典を提供することで、視聴者に緊急性や特別感を与え、支援を促進します。

ライブのプラットフォーム選び

適切なライブのプラットフォームを選択し有効活用することで、プロジェクトの成功率が高まります。

Facebookライブ…幅広い人にリーチしやすく、リアルタイムのコメント機能があります。シェアも簡単にできるため、拡散力が高いです。

Instagramライブ…視覚的な魅力が高く、ストーリーズと連携して一時的なイベントを実施できます。

YouTubeライブ…長時間のライブに適しており、詳細な分析機能があります。

ライブを活用することで、クラファンのプロモーション効果を大幅に高めることができます。リアルタイムでのコミュニケーションや感情の共有、視覚的な説明を通じて、支援者との関係を深め、プロジェクトへの支援を促進することができます。

適切なプラットフォームを選び、計画的にライブ活用することで、プロジェクトの成功率を向上させることができます。

◉「リターン」を選定するときのポイント

クラファンのプロジェクトにおける「リターン」の選定は、支援者の満足度を高め、プロジェクトの成功に繋がる重要な要素です。リターンを選定する際のポイントを紹介します。

【リターン設定の6つのポイント】

ポイント1…プロジェクトのターゲットとなる人の趣味や関心、ニーズを把握し、それに合ったリターンを提供します。

ポイント2…プロジェクトのテーマや内容に関連したものであることが重要です。一貫性のあるプロジェクトの魅力を引き立てるリターンを選びます。

ポイント3…多様なリターンの設定により選択肢を広げることが大切です。低価格（数千円）から高価格（数十万円）まで、幅広い価格帯のリターンを用意することで、様々な予算の支援者に対応します。

ポイント4…老若男女、会社員・主婦から企業経営者まで様々な嗜好性を持つ支援者に欲しいと思われるリターンを用意します。

ポイント5…リターン品の原価や配送に必要なコストを事前に見積もり、実現可能な範囲でリターンを選定します。過剰なコストがかからないように注意します。

ポイント6…限定性と希少性にあるリターンを提供することで、支援者に特別感を感じてもらい支援意欲を高めます。

【具体的なリターン品の例】

感謝の意を示すリターン…メールでの御礼メッセージや感謝状、ＳＮＳでの支援者名の紹介など、感謝の気持ちを込めたリターンを提供します。特に低価格帯のリターン品として有効です。

商品サンプル…プロジェクトで開発する新商品のプロトタイプや初期モデルをリターン品として提供します。

デジタル商品…オンラインセミナー、オンライン交流会、オンラインお茶会、電子書籍、デジタルアート、音楽、動画などプロジェクトに関連するデジタルコンテンツをリターン品として提供します。配送コストがかからないため、特に遠隔地に在住の支援者に対するリターンとして有効です。

体験型リターン…プロジェクトに関連するパーティー・講演会・セミナー・ワークショップなどのイベントへの招待をリターンとして提供します。支援者が直接体験できる機会を提供します。支援者がプロジェクト主催者とリアルで会えるチャンスにもなるので満足度が高くなります。

限定アイテム…限定版の商品やプロジェクト主催者のサイン入りアイテムなど、特別なリターン品を提供します。

イベントチケット…プロジェクト内容がイベントだった場合、演劇・コンサート・舞踊・映画・講演会などイベントのチケットをリターンの中心として提供できます。

オリジナルグッズ…オリジナルデザインのアパレル商品などを提供することで、支援者に特別感を与えます。

食品…果物・野菜・米・肉・海産物・お菓子・お茶・コーヒーなどもらって困らないものをリターンに加えることで、支援者の選択の幅が一気に広がります。食品は特に女性に人気が高いです。

知人のコンテンツ…知人の販売する人気商品やサービスをリターンに加えることで、その知人のプロモーションになり、プロジェクトを本気で応援してもらえることが期待できます。

法人・個人のスポンサー…ホームページへの社名（個人名）・ロゴマークなどの掲載、チラシ・ポスターなどへの社名（個人名）・ロゴマークの掲載、イベントのパンフレットなどへの社名（個人名）の掲載、プロジェクト主催者とコラボセミナーを開催する権利、プロジェクト主催者を講演会の講師として招く権利、主催者とのディナーやランチの権利、主催者とのミーティングの権利など高額なリターンもニーズがあります。

リターン品の選定は、プロジェクトの成功に直結する重要な要素です。支援者のニーズを理解し、プロジェクトのテーマに合った多様なリターン品を提供することで、支援者の満足度を高めることができます。

また、実現可能な範囲でコスト管理を行い、特別感や限定性を持たせたリターン品を設定することで、支援者の支援意欲を引き出すことができます。

◉プロジェクトの効果的な期間を考える

クラファンのプロジェクトの効果的な期間は、プロジェクトの種類や目標、ターゲット層によって異なりますが、一般的には次のポイントを考慮して設定するのが良いとされています。

【最適な期間は30日から45日】

多くのクラファンプラットフォームで推奨される期間です。30日から45日間が最も一般的で、バランスが取れた期間とされています。

この期間は、支援者に十分な時間を与えつつ、プロジェクトの勢いを維持するのに適しています。短すぎると、十分な露出を得る前にキャンペーンが終了してしまう可能性があるため、特に新しい商品ブランドや知名度の低いプロジェクトには不向きです。長すぎると、キャンペーンの勢いが落ち、支援者の関心が薄れる可能性があります。プロジェクトの新鮮さが失われることもあります。

【期間設定のポイント】

マーケティング計画

事前準備…キャンペーン前のマーケティング活動やプロモーション計画を考慮し、準備期間を十分に設けます。

計画的なアップデート…キャンペーン期間中に定期的なアップデートやイベントを計画し、支援者の関心を維持します。

目標金額と資金調達戦略

高額な目標金額を設定する場合、期間を少し長めに設定することが考えられます。逆に、低額な目標金額であれば短期間で達成する戦略も有効です。

プロジェクトの種類

商品開発…商品開発プロジェクトでは、試作品のデモンストレーションやレビューを行う時間を確保するために、少し長めの期間が適していることがあります。

社会的プロジェクト…社会的インパクトを目指すプロジェクトでは、支援者の感情に訴えるために短期間で緊急感を演出する戦略が有効です。

ターゲット

支援者の行動パターン…ターゲットの行動パターンを分析し、支援を得やすい期間を選びます。例えば、長期休暇の時期に合わせることも考慮します。

例えば、ターゲットが会社員中心であれば、ボーナス時期での設定も有効です。25日が給料日の会社が多いので、給料日が2日含まれるように設定することも効果的でしょう。

クラファンのプロジェクト期間は、一般的に30日から45日が良いとされていますが、プロジェクトの種類や目標金額、ターゲット層に応じて最適な期間を設定することが重要です。緊急感を持たせるために短期間を選ぶ場合や、広範なマーケティング活動を行うために長期間を選ぶ場合など、具体的な状況に応じた戦略を立てることが成功の鍵となります。

第6章
クラウドファンディング期間中の戦略

◉プロジェクト期間中に必要な7つの戦略

クラファンのプロジェクトを成功させるためには、プロジェクト期間中に適切な戦略を立てることが重要です。以下は、そのための7つのポイントです。

ポイント①プレキャンペーンの準備

コミュニティの構築…プロジェクト開始前にSNSやメールリストで関心を持つコミュニティを構築しておきます。

ティーザー（事前）キャンペーン…プロジェクト開始前に、予告として少しずつ情報を公開し、期待感を高めます。

ポイント②開始直後の勢いを利用

初日で勢いをつける…できるだけ多くの支援を初日から集めることで、プロジェクトが注目されやすくなります。

早期支援者への特典…初日や初週に支援してくれた人々に特別なリターンを提供します。

ポイント③プロジェクト期間中の積極的な関わり・関心の持続

定期的なアップデート…支援者や潜在的な支援者に対して、進捗状況や新しい情報を定期的に更新し、関心を持続させます。

ネクストゴールの設定…目標金額に達した後、さらなる目標を設定することで追加の支援を促します。

支援者との対話…コメントやメッセージを通じて支援者と積極的にコミュニケーションを取り、彼らのフィードバックを取り入れることでプロジェクトの信頼性を高めます。

ポイント④ SNSの活用

ターゲット広告…ＳＮＳ広告を利用して、ターゲット層にプロジェクトを効果的にアピールします。

拡散キャンペーン…シェアしやすいコンテンツやキャンペーンを実施して、拡散を促進します。

ポイント⑤ 中盤のモチベーション維持

特別イベントの実施…中盤で支援が鈍化することが多いので、特別なライブ配信やイベントを行い、再び注目を集めます。

メディア露出…中盤で新たにメディア露出を図り、さらなる支援を呼び込みます。

ポイント⑥ 終了間際のラストスパート

カウントダウンキャンペーン…プロジェクト終了間際にカウントダウンを行い、緊急性を訴えます。

最後のプッシュ…残り時間が少なくなるにつれ、再度ＳＮＳやメールリストでプロジェクトを強くアピールします。

ポイント⑦プロジェクト後のフォローアップ

感謝のメッセージ…支援者全員に感謝のメッセージを送り、プロジェクトの終了後も関係を維持します。

製品・サービスの提供…約束したリターンを確実に提供し、支援者の信頼を守ります。

これらの戦略を組み合わせて、クラファンプロジェクトを成功に導くことができます。

●「3分の1の法則」とは

クラファンの「3分の1の法則」は、プロジェクトの成功において非常に重要な概念です。

3分の1の法則

クラファン・プロジェクトにおいて、最初の3分の1の資金を、プロジェクト開始前から準備されているネットワーク（友人、知人、既存のファン）から集め、次の3分の1は友人・知人の知人へ紹介・シエアで広げ、最後の3分の1は全く違う世界の人たちに広げることが成功につながるという法則です。

3分の1の法則の重要性

初動の勢いを作る…プロジェクトがスタートした直後にある程度の資金が集まっていると、他の潜在的な支援者も「このプロジェクトは支持されている」と感じ、支援をしやすくなります。

プラットフォームのアルゴリズムに好影響…多くのクラファンのプラットフォームでは、資金が短期間で集まるプロジェクトを目立たせるアルゴリズムが組み込まれています。プロジェクトの最初の段階で目標額の3分の1を達成すると、プラットフォーム内で上位表示されるなどで露出が増え、さらに多くの支援を呼び込むことができます。

信頼の形成…プロジェクトの初期段階で十分な資金を集めることで、他の潜在的な支援者に対して、プロジェクトの信頼性と実現可能性が高いことを示せます。

3分の1の資金を集めるための準備

事前のマーケティング…プロジェクトが始まる前に、友人、家族、既存のネットワークに連絡を取り、支援をお願いする準備をします。

限定リターン…初期の支援者に対して特別なリターンを用意し、早期支援を促進します。

コミュニケーションの強化…プロジェクト開始前から、SNSやメールリストでのコミュニケーションを強化し、支援への興味を高めます。

3分の1を達成した後の戦略

3分の1を達成した後は、他の支援者や広い層に向けてプロモーションを展開し、勢いを維持することが大切です。この時期にはメディアやSNSを活用して、プロジェクトをさらに広めていく必要があります。

「3分の1の法則」をうまく活用することで、プロジェクト全体の成功率を大幅に向上させることができます。

◉ 支援者とのコミュニケーション方法

クラファンのプロジェクトにおいて、支援者とのコミュニケーションはプロジェクトの成功に不可欠です。効果的なコミュニケーションは支援者の信頼を築き、プロジェクトの進行を円滑にするための重要な要素です。以下は、支援者とのコミュニケーション方法についての具体的なアプローチです。

定期的なアップデート

進捗報告…プロジェクトの進行状況を定期的に報告します。どのような進展があったのか、どの部分で遅れが生じているのか、どのように解決する予定なのかを詳しく伝えます。

ビジュアルコンテンツの活用…写真、動画などのビジュアルコンテンツを使って、支援者が視覚的にプロジェクトの進行を感じられるようにします。

透明性の確保

問題や遅延の報告…万が一、プロジェクトに問題が発生したり、遅延が生じた場合は、迅速に支援者に知らせます。そして、その問題をどのように解決する予定かを説明します。

資金の使用用途の説明…集めた資金がどのように使われているのか、具体的な使い道を定期的に報告します。

パーソナルな対応

個別の感謝メッセージ…可能であれば、支援者一人ひとりに感謝のメッセージを送ります。これにより、支援者は自分が大切にされていると感じ、プロジェクトを知人に紹介したり、SNS等でシェアしてもらえます。

支援者のフィードバックを尊重…支援者からのコメントやフィードバックに対して真摯に対応し、プロジェクトに反映させることが信頼関係を築く鍵となります。

多様なコミュニケーション方法の活用

SNSの活用…Facebook・X（旧ツイッター）・InstagramなどのSNSを活用し、プロジェクトの進行状況を共有するとともに、支援者と気軽にコミュニケーションを取れる場を作ります。

メールマガジンの活用…メールを使って、重要なアップデートやニュースを支援者に定期的に送信します。

ライブセッション…ライブでQ&Aセッションを開催し、支援者からの質問に直接答える機会を設けます。

特別なリターンやサプライズ

特別な提供…プロジェクトが順調に進んでいる場合や目標を達成した場合、支援者に特別なリワードやサプライズを提供することで、感謝の気持ちを示します。

独占コンテンツの共有…支援者限定で、プロジェクトの裏話や未公開のコンテンツを提供することで、支援者との結びつきを強化します。

終了後のフォローアップ

プロジェクト完了報告…プロジェクトが完了した際には、最終報告を行い、支援者に感謝の意を伝えます。

リターンの進行状況報告…リターンがまだ提供されていない場合、その進行状況を細かく報告し、いつ届くのかを明確に伝えます。

コミュニティの育成

支援者をコミュニティとして扱う…支援者を単なる出資者としてではなく、プロジェクトを共に作り上げるパートナーとして扱い、長期的な関係を築いていきます。

これらのコミュニケーション方法を実践することで、支援者との信頼関係を深め、プロジェクト全体の成功につなげることができます。

◉途中経過の評価と調整

クラファンのプロジェクトを進めていく中で、途中経過の評価と調整は非常に重要です。これにより、目標達成のための戦略を柔軟に変更し、プロジェクトを成功に導くことができます。以下に、そのための具体的なステップを示します。

(1) データ収集と現状の分析

資金調達の進捗状況…目標金額に対してどの程度資金が集まっているかを確認します。初期の予想と比べて進捗が遅れている場合は、原因を特定します。

支援者の動向分析…支援者数、リターンの選択傾向、支援者がプロジェクトにたどり着いた経路（SNS、メール、メディアなど）を分析し、どのチャネルが効果的かを判断します。

エンゲージメントの確認…SNSでの反応、プロジェクトページのアクセス数、コメント数など、支援者や潜在的支援者のエンゲージメントを確認します。

(2) 進捗状況の評価

目標達成の見込み評価…現在の進捗と残りの期間を考慮して、目標達成の見込みを評価します。予想よりも進捗が遅れている場合、追加の対策が必要です。

リターンの人気度確認…リターンの中で特に人気のあるものと、あまり選ばれていないものを確認します。人気がないリターンは再検討の余地があります。

(3) 戦略の調整

マーケティング戦略の見直し…どのチャネルが最も多くの支援者を引き寄せているかを分析し、効果の薄いチャネルにリソースを割いていないかを確認します。効果的なチャネルに集中するよう、マーケティング戦略を調整します。

リターンの再検討…新しいリターンドを追加することで、支援者の興味を引きます。

ネクストゴールの設定…目標額を達成した場合、さらなる目標（ネクストゴール）を設定し、追加の支援を引き出します。これにより、既存の支援者も再度支援を検討することがあります。

(4) コミュニケーションの強化

追加のアップデート…支援者に対して、現状の進捗と今後の計画について詳しく報告します。特に戦略を変更する場合、その理由を明確に伝え、支援者の理解と共感を得るようにします。

新たなプロモーション…プロジェクトの中盤で勢いが落ちることが多いので、この時期に新たなプロモーションを展開します。例えば、インフルエンサーとの協力やメディア露出を増やすことで、プロジェクトへの注目度を再び高めます。

(5) チーム内でのフィードバックと協議

内部評価ミーティング…プロジェクトチームで定期的にミーティングを行い、各メンバーからのフィードバックを集めます。チーム内での情報共有を徹底し、全員が現状を把握した上で、適切な行動を取れるようにします。

課題の特定と解決策の実行…現在抱えている課題を明確にし、その解決策を迅速に実行します。解決策がうまくいかなかった場合には、別のアプローチを試みることが重要です。

⑹ リスク管理と柔軟な対応

リスクの評価…プロジェクトが予期せぬトラブルに見舞われるリスクを評価し、予防策や対応策を準備しておきます。

柔軟な対応…市場の変化や支援者のフィードバックに応じて、計画を柔軟に変更することが必要です。場合によっては、目標金額の変更や、プロジェクト期間の延長などを検討することも考えられます。

これらのプロセスを通じて、プロジェクトの途中経過を評価し、必要な調整を行うことで、クラファンの成功確率を高めることができます。

◉「お祭り騒ぎ」を起こす

クラファンプロジェクトで「お祭り騒ぎ」を起こすことは、注目を集め、支援者のエンゲージメントを高め、最終的にはプロジェクトの成功につなげる効果的な戦略です。以下は、プロジェクトを盛り上げるための具体的なアイデアと方法です。

限定イベントやキャンペーンの実施

ライブ配信イベント…プロジェクトの途中でライブ配信を行い、支援者やフォロワーと直接コミュニケーションを取ります。ライブ中に特別なリターンを発表したり、支援者からの質問にリアルタイムで答えることで、参加者を巻き込みます。

カウントダウンキャンペーン…プロジェクトの終了間際にカウントダウンキャンペーンを実施し、緊急性を訴えます。カウントダウンに合わせて、限定リターンや特典を発表すると、支援者が駆け込みで支援する可能性が高まります。

特別なリターンやインセンティブの提供

サプライズリターン…予告なしに突然、サプライズリターンを追加し、短期間限定で提供します。これにより、支援者の興奮を引き出し、リターンを手に入れたいという心理を刺激します。

ボーナスリターン…既存のリターンに追加で特典を付けたり、ある支援額を超えた場合に特別なボーナスリターンを提供することで、さらに支援額を引き上げる効果があります。

コミュニティ参加型の企画

支援者投票イベント…支援者にプロジェクトの一部に関する決定を投票で決めてもらうイベントを開催します。例えば、リターンのデザインやプロジェクトの次の目標を決めるなど、支援者が直接関与できる機会を提供します。

コラボレーションとパートナーシップ

インフルエンサーとのコラボレーション…プロジェクトに関連するインフルエンサーや有名人とコラボレーションし、彼らのフォロワーにプロジェクトを紹介してもらいます。特別なイベントやリターンを通じて、彼らのファンを巻き込むことができます。

ブランドや企業との提携…関連するブランドや企業と提携し、相互にプロモーションを行います。例えば、企業がプロジェクトに関連する商品を提供し、リターンとして使用するなどの形で支援を得ることができます。

ユニークなプロモーション活動

ゲリラマーケティング…オンラインやオフラインでゲリラ的なマーケティング活動を行い、注目を集めます。例えば、街中でフラッシュモブを行ったり、突然のパフォーマンスを披露したりすることで話題性を作ります。

視覚的なインパクトを出す…プロジェクトに関連するユニークでクリエイティブな動画や画像を作成し、SNSで拡散を狙います。視覚的にインパクトのあるコンテンツはシェアされやすく、プロジェクトへの関心を高める効果があります。

フィナーレイベントの開催

プロジェクト終了直前の大型イベント…プロジェクト終了の１日前などに、大規模なフィナーレイベントを開催します。オンライン上でのライブ配信や、オフラインでの集会などを通じて、最後の一押しを図ります。このタイミングでの大きなアクションは、支援者の感情に強く訴えることができます。

サプライズと感謝の表明

サプライズ感謝動画…支援者一人ひとりに感謝の意を込めたサプライズ動画を作成し、プロジェクト終了後に公開します。支援者が自分の貢献が評価されていると感じることで、彼らとの絆が深まります。

プロジェクトの背後にあるストーリーを共有…プロジェクトの成功が支援者のおかげであることを強調し、支援者と一緒に作り上げた成果として感謝を伝えることで、支援者の満足感と誇りを引き出します。

これらの方法を組み合わせることで、クラファンプロジェクトにおいて「お祭り騒ぎ」を巻き起こし、プロジェクトを成功に導くことができます。

第7章

プロジェクト後が大事

◉プロジェクト後のケアやフォローをしっかりと行う

クラファンはプロジェクトを成功させるための資金調達の手段として広く使われていますが、資金調達が完了した後の対応がとても重要です。

プロジェクト後のケアやフォローアップをしっかりと行うことが、支援者との信頼関係を構築し、今後のビジネスにも良い影響を与えます。いくつかのポイントを挙げてみます。

ポイント① 進捗報告とコミュニケーション

プロジェクトが終了した後も、支援者に対して定期的に進捗報告を行うことが大切です。

クラファンに参加している人たちはプロジェクトの成功を見届けたいという思いがあります。計画通りに進んでいるか、遅れがある場合はその理由を明確に伝えることで、信頼を維持できます。

ポイント②リターンの提供

リターン（特典）を提供するタイプのクラファンでは、支援者に対するリターンの提供が非常に重要です。約束した期日までにリターンを届けることはもちろん、質の高いリターンを提供することで、次のプロジェクトでも再度支援してもらえる可能性が高まります。

ポイント③フィードバックの収集

支援者からのフィードバックを積極的に受け入れることも重要です。リターンに対する感想やプロジェクトに対する意見を聞くことで、今後の改善点が見つかるかもしれませんし、支援者との関係も深まります。

ポイント④次のステップへの案内

プロジェクト後に、今後の活動予定を支援者に知らせることも効果的です。クラファン展開を通じて得たコミュニティを育てていくことで、将来的なビジネスの基盤を築くことができます。

ポイント⑤誠実な対応

万が一、リターンの発送が遅れたり問題が発生した場合には、支援者に対して誠実に対応することが大切です。問題を隠すのではなく、透明性を保ちながら解決策を示すことで、支援者の信頼を保つことができます。

クラファン・プロジェクトの成功だけでなく、その後の対応次第で支援者との関係性が大きく変わります。

●「支援者のリスト」はあなたの最高の宝物

クラファン・プロジェクトにおいて、支援者のリストは本当に「最高の宝物」と言えます。

このリストは単なる名前やメールアドレスの一覧表ではなく、あなたのプロジェクトに共感し、応援してくれた人々の貴重な人材のネットワークです。以下に、そのリストの価値や活用方法についていくつかの理由を挙げてみます。

信頼できるサポーターの存在

支援者はあなたのプロジェクトやアイデアに共感し、資金を提供してくれた特別な存在です。彼らは単なる顧客ではなく、あなたのビジョンを信じている仲間とも言えます。次のプロジェクトや新商品・新サービスなどを発表する際、最初に知らせたい相手です。

フィードバックを得られるコミュニティ

支援者は実際にプロジェクトに関わっているため、今後のアイデアや商品の開発においても、的確なフィードバックを提供してくれます。新しいプロジェクトのアイデアについて相談したり、改善点を聞いたりすることで、より良い成果を得ることができます。

次のプロジェクトの見込み支援者

クラファンで成功を収めるには、再度支援してもらえる可能性の高い「見込み支援者」のリストが必要です。既に支援してくれた人々は、再びあなたのプロジェクトに参加する可能性が高く、新たなプロジェクトを立ち上げる際に非常に価値があります。

マーケティングに活用

支援者リストは、将来的にマーケティング展開を行う際にも役立ちます。新商品・新サービス・イベントなどの告知を行う際に、支援者に直接連絡できるということは大きな強みです。また、支援者の声をもとにした口コミやレビューが、さらなる広がりを持つことも期待できます。

信頼とリレーションシップの構築

支援者との良好な関係を築くことは、将来的な成功に繋がります。定期的なコミュニケーションやプロジェクト終了後の感謝の意を伝えることで、長期的な関係を構築できるでしょう。これにより、支援者は単なる「一度きりの出資者」ではなく、長期的なパートナーや応援団になります。

アンバサダーになりうる可能性

特にプロジェクトに強い共感を持った支援者は、アンバサダーとしての役割を果たす可能性もあります。彼らがプロジェクトの素晴らしさを周囲に広めてくれることで、自然な形で新たな支援者や顧客が増えるかもしれません。

クラファンの成功は支援者なくしては成り立たないため、そのリストを大切にし、今後の活動に積極的に活用することが、次なる成功へのカギと言えるでしょう。

◉資金の使途と成果の報告

クラファン・プロジェクトにおいて、支援者に対する資金の使途と成果の報告は非常に重要なステップです。

支援者はあなたに対して信頼を置いて資金を提供しているため、そのお金がどのように使われたか、プロジェクトがどのように進んだかを正確に伝えることは、支援者との信頼関係を維持するために不可欠です。以下に、資金の使途と成果報告を行う際のポイントを挙げてみます。

透明性のある資金の使途報告

資金がどのように使われたのかを明確に報告することが必要です。これにより、支援者は自分の支援が具体的にどう役立ったかを理解できます。以下のような具体的な情報を提供すると良いでしょう。

資金の内訳…商品の製造費、人件費、マーケティング費用、物流費、その他必要な費用など、どのように資金が分配されたかを明示します。

予算と実際の支出の比較…当初予定していた予算と実際の支出を比較し、違いがあればその理由も含めて説明します。予想外のコストや逆に節約できた部分を伝えることで、支援者にプロジェクトのことをしっかり伝えられます。

進捗状況と成果の報告

プロジェクトがどのように進んでいるか、またどのような成果が得られたのかを定期的に報告することが大切です。以下のような要素に焦点を当てると良いでしょう。

プロジェクトの進行状況…現在の進捗状況や目標に対する達成度を報告します。商品の製造、リターンの発送など、段階ごとに報告するのが理想です。

目標達成の確認…プロジェクト開始時に設定した目標やビジョンに対して、どの程度達成できているかを評価します。もし当初の目標が変更された場合、その理由も併せて説明すると良いです。

リターンの状況報告

クラファンでは、支援者へのリターンが重要な要素の一つです。その進捗状況も細かく報告することで、支援者は安心できます。リターンの制作・発送の進行具合や、万が一遅延がある場合はその理由と今後のスケジュールをしっかり伝えます。

成功と失敗、学びの共有

成功した部分だけでなく、失敗や困難も開示することが大切です。支援者はプロジェクトのすべてを理解したいと考えているため、困難に直面した時の対応や、そこから得た学びを伝えることでプロジェクトの透明性を確保できます。

ビジュアルを活用した報告

文字情報だけでなく、写真や動画などを使って進捗や成果を視覚的に伝えることで、支援者にプロジェクトの具体的な進行具合や成果が伝わりやすくなります。製造過程の動画や完成品の写真などを共有すると、支援者にとってより理解しやすく納得感が高まります。

感謝の気持ちの表明

資金の使途や成果報告の際には、いつも支援者への感謝の気持ちを忘れずに伝えましょう。プロジェクトが進行するのは、支援者のおかげであることを強調することで、支援者は自身の貢献を実感し、今後のプロジェクトにも引き続き参加したいと思う可能性が高まります。

次のステップを明示

プロジェクトが終了した場合でも、今後の展開や活動計画を支援者に共有することで、支援者が引き続きあなたの活動を応援したいと思うきっかけになります。今後の商品ラインナップや次回のプロジェクトなどを伝えることで、長期的な関係を築くことができます。

クラファンにおける資金の使途と成果の報告は、支援者との信頼関係を強化し、今後のビジネスの成功につなげるための重要な要素です。

透明性と誠実さを持って報告を行うことで、支援者の満足度を高め、次のプロジェクトでも再び支援してもらえる可能性を高めることができます。

◉支援者との長期的な関係性の構築方法

クラファン・プロジェクトにおいて、支援者との長期的な関係性を築くことは、プロジェクトの成功だけでなく、将来の活動やビジネス展開にも大きな影響を与えます。一度の支援だけで終わらせるのではなく、持続的な関係を構築することで、継続的な支援や口コミによる拡散、ビジネスでのリピーター獲得に繋がります。以下に、支援者との長期的な関係性を築くための具体的な方法をいくつか紹介します。

感謝を伝えるコミュニケーション

支援者に対して、継続的に感謝の意を伝えることが大切です。プロジェクトの終了時やリターンの提供時だけでなく、プロジェクトの進行中や新たな活動の開始時にも感謝のメッセージを送ることで、支援者に対して「特別な存在」であると感じてもらえます。定期的なメールやSNSを通じた感謝の表明は、関係性を維持するための基本です。

進捗報告や成果共有を続ける

プロジェクトが終了した後でも、進捗状況や成果を報告し続けることが重要です。支援者はプロジェクトの成功を見届けたいと思っているため、進行中のプロセスや達成した成果を共有することで関係性を強化できます。例えば、支援者限定のニュースレターや進捗報告を専用ページで公開するなど、支援者が情報にアクセスしやすい形で提供しましょう。支援者にメッセージを送れる機能があるクラファンのプラットフォームもありますので、この機能を利用すると良いでしょう。

イベントへの招待

支援者を直接的に関わらせる機会を作ることも、長期的な関係を築く上で有効です。例えば、新商品の発表イベントなどに支援者を招待したり、オンラインでの特別セッションを開催したりすることで、支援者とのつながりを深めることができます。これにより、支援者はプロジェクトに対してさらに強い帰属意識を感じることができます。

特別な特典を提供する

支援者に対して、他の人が受けられない特別な特典を提供することで、特別な存在としての扱いを強調できます。例えば、新商品・新サービスの優先予約権や割引、限定アイテムなどを提供することで、支援者は引き続き関わりたいという気持ちを持ち続けるでしょう。また、「ＶＩＰ支援者プログラム」などを作り、定期的に特別なリターンを提供するのも効果的です。

フィードバックの収集と対応

支援者の意見やフィードバックを積極的に収集し、それに対して丁寧に対応することが長期的な関係を築く大きなポイントです。支援者は自分の意見が尊重されると感じることで、より深くプロジェクトに関わろうとするでしょう。例えば、新しい製品やサービスの開発段階で、支援者に対してアイデアを募ったり、プロトタイプのテストを依頼したりすることが信頼関係を強化します。

支援者限定コンテンツの提供

支援者限定のコンテンツや情報を提供することも、特別感を生み出し、関係性を強化する方法です。例えば、プロジェクトの裏側のストーリーや制作過程の詳細なドキュメント、支援者だけが見られる動画コンテンツなどを提供することで、支援者はプロジェクトの深い部分に関われているという満足感を得ます。

新プロジェクトの最優先通知と案内

新しいプロジェクトを立ち上げる際、既存の支援者に対して真っ先に通知し、最初に参加する機会を提供することで、長期的なリレーションシップを維持できます。支援者は一度支援したプロジェクトを気に入っている可能性が高いため、新たなプロジェクトにも積極的に参加してくれることが期待できます。

SNSやコミュニティの活用

SNSやオンラインコミュニティを通じて支援者と日常的に繋がり、プロジェクトに関する話題を共有し続けることも、長期的な関係を築くために有効です。プロジェクト専用のFacebookグループなどを作成し、支援者同士で意見交換をしたり、プロジェクトに関する最新情報を共有したりする場を提供することで持続的に関心を高められます。

失敗や困難も共有する

プロジェクトがうまくいっている時だけでなく、困難に直面した時や失敗した場合でも、それを誠実に支援者に共有することが大切です。支援者は、プロジェクトの良い面も悪い面も理解しているパートナーとして扱われると信頼感が増します。問題に対処するためのプロセスや改善策を支援者と一緒に考える姿勢を見せることで、より深い絆を築けます。

以上のように、クラファンにおける支援者との長期的な関係性を構築するためには、感謝と透明性を持ったコミュニケーションが不可欠です。

支援者を単なる資金提供者としてではなく、プロジェクトのパートナーとして扱い、特別な体験や情報を提供し続けることで、支援者はプロジェクトに対してより深い関与を感じ、今後もあなたを支援し続けてくれるでしょう。

第8章
プロジェクト成功者の好事例
（インタビュー＆アンケートから）

スペインでの『日本文化を拡げたい！』イベントが大好評でロングランに！
一般社団法人設立が実現‼・佐藤美季さん

【コロナ禍！スペイン、バレンシアの展覧会ー KIMONO が開催できるよう助けて下さい！】

支援金額 903,000 円／目標金額80万円

（一社）日本文化海外サポートセンター（ジェイコス）代表理事の佐藤美季さんは、ヨーロッパに『日本文化を広げたい！』と奮闘し、大変な努力が実って、イベントが3ヶ月の予定が6ヶ月まで延長のロングランへ。一般社団法人立ち上げにつながっていきました。

佐藤さんは「若尾先生主催のクラブハウスの起業家応援ルームで出会い、クラファンを知って勉強を始めた。いろいろな方々と事業について意見交換できてネットワークが広がってよかった。クラファンを通して、多岐にわたる専門性が求められることがわかった。さまざまな分野の専門家が未来交流会に集まっていて、それぞれの方法で支援してもらえた。若尾先生が、サークルなどの場も用意していただいた」と語ります。

現在は、日本文化海外サポートセンター代表理事として、日本文化を拡げる活動に加え、世界で活躍したい日本人が旅行に出た先でのサポートなどをされています。

逆転で奇跡的にクラファンに成功できたのは未來交流会のおかげ！
勇者たちに楽しんでもらい感動‼・マッハさん

【あなたも勇者の日の祭典を応援して『恩送り贈り人』になりませんか？】
支援金額 1,190,000／目標金額１００万円

足こぎ車椅子 COGY ユーザーマッハさんは「勇者の祭典と分身ロボット OriHime 普及のためクラファンに挑戦することにしました。苦戦していましたが、若尾先生に付けてもらったキャッチコピーがあったので、クラブハウスの大きなルームで自己紹介でき、新しい繋がりが広がりました。毎日のクラブハウスでもお話し、若尾先生に応援していただいたおかげで、毎日10％ずつ上がっていき最後の三日間はドキドキでしたが、最終日の前日に達成できました。勇者の祭典イベントでは、勇者たちに楽しんでもらえてよかったです。

とにかく短期間で成功したのは、未来交流会、若尾さんの人脈のおかげです。ありがとうございました。今後の展望は２０２４年９月に未来交流会で知り合った人を中心に DAO 型の合同会社15名で頑張っていこうと思ってます」とお話いただきました。

表彰され、テレビの仕事の幅が広がった！・渡辺千秋さん

【コロナ禍、医療事業者に生演奏を届けます！】
支援金額 1,068,113 円円／目標金額１００万円

テレビ番組プロデューサーの渡辺千秋さん。「ニュースや情報番組でクラファンのことを知りました。コロナ禍の大変な状況の病院で、障害などでなかなか演奏することができなかったバ

イオリニスト達の演奏を届けてあげたいと思いつきクラファンを始めました。

しかし、支援が広がらず、最後の2週間でクラファン終了日まで未来交流会の仲間達にサポートしてもらったおかげで最終日最後の3時間で目標達成できました。

そもそもＳＮＳにうとく、その活用の重要さも知らないまま無謀な挑戦をする私に、若尾さんをはじめ未来交流会の皆さまが手取り足取り全力で助けてくださいました。間違いなく、あの応援なしに私の成功はあり得ませんでした。また、『音楽に興味のない人たちにも魅力を感じてもらえるリターン返礼品も考えましょう』という若尾さんのコンサルは目から鱗の発見でした。

終了まで残りわずかな中、私のクラファンのページは華やかになり、見違える勢いで伸びていったのです。コロナ禍で演奏の機会を失った音楽家を応援しようと立ち上げたクラファンでしたが、気付けば、私が応援されていました。

人生の中であれほど多くの人に応援されたことはありませんでしたし、応援の力の大きさを自分自身が実感する素晴らしい体験となりました。今も思い起こすと胸が熱くなりますし、私の人生の宝となっています。微力ながら、演奏家や医療従事者、入院中の患者さんに喜んで貰えて良かったです。その後、病院から表彰され、テレビの仕事の幅が広がりました。

ＳＮＳをしたことがなかったので、事前にある程度構築していたら、もっとやりやすかったと思います。応援したくてもキャンプファイヤーのサイトがわからなかったり、支援できなかったりのＩＴ弱者への説明が本に書いてあれば良いと思います」とお話されました。

クラファン支援で開発したシステムで期待以上に事業が拡大・瑞鳳澄江さん

【日本古来の習いことをオンラインに！～日本舞踊のお稽古をオンラインではじめます】

支援金額 1,071,950 円／目標金額100万円

日本舞踊家の瑞鳳澄江さんは「プロジェクトをスタートしたが、中盤から支援が全くなくなってしまって焦り始めました。未来交流会のクラファン勉強会で、同時期にクラファン終了予定の方と出会い、一緒に作戦会議などに参加できて心強かったです。

途中でプラットフォームのキャンプファイヤーが人気の高いプロジェクトとして取り上げてくれたのでラッキーでした。プロジェクト終了前日に目標達成できました。現在は、クラファンの支援で開発したオンラインシステムによって、自身の教室のお稽古だけでなく、多くの和文化の教室をサポートすることができるようになり、期待以上に事業が拡大しました」と語られました。

クラファンによって、娘との関係が劇的に向上！・佐々木健一さん

【コロナ禍で元気をなくしている子供たちに花火大会をプレゼントしたい】

支援金額 899,000 円／目標金額50万円

補聴器販売の事業を展開される佐々木健一さんは、小学校のＰＴＡ会長として、また一人の父親としてコロナ禍で学校イベントがなくなり元気をなくしていた子供たちのために、花火大

会を実施してあげたいとの想いで挑戦され、見事に成功されました。

佐々木さんは「最初は『娘のために何かできないかな』というところからスタートし、クラファンで花火大会をすることになり、新聞にも取り上げてもらい、自分自身の成長につながりました。たくさんの方に応援してもらえるということがわかって、とても嬉しかったです。

若尾さんたちがライブなどで、未来交流会の会員さんなどにたくさん周知していただいて、そちらから多くのご支援をいただけたことに心より感謝しております。

クラファンが終わってから、花火大会までの時間は1ヶ月、10月以降だと寒いのでできないからと急いで実施。『空気が澄んでいたので小学校近くの河川敷からした花火はとても綺麗に見えました』などの感想をいただきました。１００人くらい小学生やクラファン支援者の方は校舎から一緒に見ることができました。隣町からの人も含めて河川敷に数百名の方が見てくださいました。思春期の娘なので、何も子供から直接の言葉はなかったけれど、児童会の会長としての言葉をもらえたことに対して胸が熱くなりました。その後、娘との関係がとてもよくなりました」とお話されました。

市長からお声がけがあり、テレビ出演につながった！・もりかずえ（モーリー）さん

【障がいがあってもなくてもオールＯＫ！ ハートサインダンスのライブを開催したい！】

支援金額 1,205,500円／目標金額１００万円

もりさんは「右も左もわからないところから、とにかく『ハートサインダンスをライブで広げたい！』と思い立った頃に若尾先生と出会い、『資金が足りないのだったら夢を諦めずにクラファンをしたら良いのでは？』と教えていただき取り組んでみました。

若尾先生にたくさんの事例をご紹介いただき、その通りに実践していきました。おかげ様で先手先手で進めることができ、そういう意味での焦りがありませんでした。とはいえ思うようにはいかない時期もありましたが、拡散の部分でもたくさんの方々に応援いただいたおかげで、締切２日前に無事に目標を達成することができました。最終的にセカンドゴールまで達成できて本当に感謝しております。旧友たちが思いがけず応援、支援してくださり、励みになりました。クラファンが終わってからワークショップ依頼が増えて、福祉に熱心な市長さんからもお声がけがあり、テレビ出演につながりました」と語られました。

クラファンはゴールではなく、先に行くための手段・永田のぶ子さん

【「世界へ届け！単独ランウェイ」飽くなきネイルデザイナーによる美への挑戦　ネイルアーティスト単独ランウェイ】

支援金額 1,659,300円／目標金額１００万円

ＮＹ、ミラノ、ロンドン、パリコレなど世界で活躍する「NOBU」ネイルデザイナーネイルデザイナーでネイルサロンオーナーの永田のぶ子さんは、クラファンで成功し、世界初ソロネ

イルランウェイを京都の寺院や能楽堂にて主催されました。

永田さんは「若尾先生は、いつも明るく、また、わからないところも丁寧に教えてくださるので、不安になることがなく進められました。

クラファンは数字で見えることに驚きました。知っている人に伝える以上に業界以外の人に『何がしたいのか』、と伝え鍛えられました。100%達成した時の気持ちは感謝だけれど、これ以上にまだまだ資金が足りないので途中でした。未来交流会では100%以上達成した人が多くいらっしゃいました。イベントは応援してくださった方たちの熱が良かったです。

クラファン後はランウェイをするネイリストという名刺になりました。クラファンではなくて、6ヶ月後に単独ランウェイもしました。一般の方へのネイルサロンの運営、経営と撮影・CM・チップを作って作品として売っている部分もあります。クラファンはゴールではなく、先に行くための手段で、宣伝効果もあります。中にはネガティブなことを言う人もいたりもしましたが、プラスの面を見るように努力しました。クラファン後、『日本のネイルを世界へ』と国内外で活動中。クラファンを始めたい人との繋がりが増えました」とお話いただきました。

クラファンの実績が良い名刺がわり・牧みずほさん

【ハンディのあるアーティストの作品を世界中に広めたい】
支援金額 1,048,500／目標金額60万円

障害者アートHUG代表 マリア・エンジェルアートセラピストの牧みずほさんは「一人で立ち上げて最初の勢いは良かったのですが、途中から停滞期で止まってしまい、未来交流会に入会した時に全く知らない方がライブを手伝ってくださったり人とのつながりが良い思い出になってます。クラブハウスでの最後の追い上げも素晴らしくとても助けられました。クラファン後は新聞取材などを受けた時に、『実はクラファンしました』という話をすると、良い方向で受け取って調べてもらえるので、良い名刺がわりにもなっています」とお話されました。

クラファン後には仕事がワンランクアップ・千葉起子さん

【人生を自分でデザインする未来ラク速ノートを広めたい】

支援金額 643,000円／目標金額60万円

千葉さんは「今、ひとつクラファンの支援金額がのびずに悶々としていた時に、クラファンを若尾先生指導のもと成功された方から、若尾先生のことをお聞きして紹介されました。お話いただいたアドバイスはリターンに関する視点などまであり、目からウロコ。クラファンは自分の思いを伝える場と捉えていたので、応援してくれる人の目線を考えていませんでした。リターンの内容をアドバイスに従いプラスしたところ、今まで支援されていなかった人の支援が増え、達成することができました

クラファンを気軽に始めたけれど、『誰にも応援がなかったらどうしよう？』と、中だるみ期

間などとても不安で、おかげで強くなりました。クラファン期間中は大変でしたが『〜せねば』、とクラファン後からは仕事ワンランクアップした気がします」とお話されました。

区役所からクラファンのセミナーの依頼がきた！・山口亮子さん

【創立１００周年を目指す星川商店会の挑戦】

支援金額 608,000 円／目標金額50万円

山口さんは「星川商店会会員の中で高齢者が支援したくても支援の仕方がわからないとのことで説明が大変だった。地域の区役所の区政推進課・地域振興課からパワーアップ講座でクラファンのセミナー依頼が星川商店会にきて地域活性化に役立つことができました。

ライブ配信や未来交流会の中での告知などで周知してもらうのに全力でサポートしていただきました。また全体の構成など客観的視点でご意見頂いたことが安心や活力になりました」とお話されました。

書籍の出版につながりました・茂山千三郎さん

【和儀　それは美しく健康に生きる術《すべ》】

支援金額 1,439,000 円／目標金額１００万円

大蔵流狂言師・茂山千三郎さんは「立ち上げたセミナー参加者が2、3人と少なく、『どのよ

うに広げたら良いのか？』と考えて目標を立て、プロジェクトにしていきました。計画をスムーズにでき、３日間で支援金額が達成できてとてもスタートが良かったです。クラファンのプロジェクトを立ち上げてから引き合いが始まり、発信はＳＮＳでも始めました。想いを伝える、ゆっくり話す、クラブハウスで距離感が近くなったことが嬉しかった。クラファン前にはなかった講師を育てる事業が2年後の今では14人の講師ができ、オンラインでも『和儀』を教えてます。

そして、クラファンが書籍『カラダが20歳若返る！和儀　医師もみとめた狂言トレーニング』の出版にもつながりました」と語られました。

テレビ局で紹介・野田直裕さん

【名古屋市・障がい者アート展『幸福度が高い社会の実現』を開催したい！】

支援金額 788,500円／目標金額は30万円
デジタルクリエイターの野田直裕さんは「障害者施設を運営する中で、障害者アートを広めたいとの想いでプロジェクトを企画。常人離れしたアートに対しての驚きや感動を皆さんにお伝えしたかった。全体の流れやクラファンの進め方を未来交流会のセミナーで学ぶことができました。

クラファン挑戦中に障害者アートの第一人者が高級ブランドのネクタイ、アパレルを出すことがＴＶ番組で紹介されたことが追い風になり、中京テレビでも放送になりました。

クラファンの後、大手ハウスメーカーなどからもお誘いを受けるようになって障害者アート

を積極的に広げている認知が高まりました。広告は売り込みですが、クラファンは応援、共感の輪だと思うので、共生の時代に良かった。ベルリンの障害者アート展にも出席予定です。『一人の力は小さいな』と改めて実感。このクラファンを通してご協力くださることでお礼をしたり皆さんと再度繋がることができたり、ありがたく思いました」とお話されました。

クラファン後は講演会の依頼が増えた。やるだけの価値はある・畑中映理子さん

【親の呪縛で悩んでいる人たちを「本」で救いたい】
支援金額 2,582,937 円／目標金額２００万円

畑中さんは「今回は『クラファンで自分の想いを広げたい』と挑戦しました。普段は頼まれるほうが得意だったので、頼むのはとても大変だった。中には『興味ないです』という人もいましたが、反面『是非応援したい』という人たちに励まされ、80名を目指した出版記念パーティーが１２０名になりました。クラファン後は講演会の依頼が増えたのでやって良かったと思いました。大変だけれどやるだけの価値はありました」とお話いただきました。

ひとりぼっちではなく多くの人たちが見てくれていることに気づいた・田村武晴さん

【じいちゃん ばあちゃん これみて １００までがんばっぺー！】
支援金額 603,975 円／目標金額50万円

介護専門家・おうちデイ新聞発行責任者の田村武晴さんは、高齢者サポートのためのプロジェクトに成功されました。

田村さんは「若尾先生から『クラファンについては資金を稼ぎたいのか、認知を広めたいのか、目的を持って進めることが大事』と教えていただきました。応援いただき大変感謝しております。達成できなかったら応援してあげるよ！と知り合いの方からコメントがあったり励みになりました。ひとりぼっちでやっている気持ちだったけれど、実は大変多くの人たちが見てくれているることに気づきました。クラファン後の活動は高齢者はまだ新聞を読んでおられるので東京都内の介護事業所施設に年４回出しています」とお話されました。

未来交流会でのアドバイスや応援で最後までモチベーション維持・金藤克也さん

【震災きっかけに生まれた南三陸わかめ羊を助けてください】

支援金額3,538,000円／目標金額３００万円

金藤さんは「クラファンが開始してから、すぐに未来交流会に参加させていただきました。たくさんのアドバイスいただいたり、応援していただき最後までモチベーションを維持することができました。残り17日で２５０万円支援金額が増えました。本当にありがとうございました」とお話されました。

アドバイスでスイッチが入るきっかけとなりました・鹿股幸男さん

【『トイドローンを楽しむ日』記念日を設立し認知を広めたい！】

支援金額 2,748,500 円／目標金額88万円

「若尾先生のアドバイスでページなど自分で作ることができると知ったことがスイッチの入るきっかけとなりました」と鹿股さん。

締め切り6分前に奇跡の達成をすることができた・CHさん

【新罷業の展開】

支援金額 510,355 円／目標金額50万円

新しく事業を知ってもらうためのホームページ制作と、無料の音楽コミュニティーを立ち上げ運営していくための資金調達のためにプロジェクトに挑戦。

「私が若尾さんと出会ったのは、クラファンも後半戦。プラットフォームは専門のところを使って、サイトはライターの人の力を借りて進めていましたけれども、プロモーションという点では、ほぼ一人で頑張る状況でした。未来交流会のコミュニティーの仲間を紹介してくださいました。そこで、たくさんのアドバイスをくださりました。最後の最後まで、信じてあきらめない姿勢で、アドバイスをくださり、仲間もでき、インスタライブやクラブハウスでご一緒していただく等たくさんの協力がありました。

できることのあらゆる候補をあげてくださり、ズームでのご挨拶にも連れ回って下さいました。今ここでするのかと思うようなギリギリのタイミングでもリターンの追加をし、それが功を奏しました。本当に最後は生きた心地がしませんでしたけれども、最後の1秒まで、仲間と繋がっていることができました。そして、目標締め切り6分前に奇跡の達成をすることができたことは、忘れられません！どれほど感謝してもしきれません！本当にありがとうございました」とＣＨさんはお話してくれました。

クラファンの根底にあるのは愛を広げること・ＴＭさん

【出版を支援】
支援金額 16,127,635円／目標金額３００万円

「キングコングの西野さんが成功されたのを見て、クラファンのプロジェクトをやりたいと思いました。クラファンの根底にあるものが、どんな活動も愛を広げることだということを若尾さんとのつながりの中で感じています。そして受け取ること以上に与える精神の素晴らしさを受け取りました。クラファン未経験者を1から寄り添いながら指導されているお姿にも感動し、『このような寄り添い方をしたらファンも増えるな』と感じ、そのように接したいと思いました。クラファンもその精神でやり遂げることができました」とＴＭさんは語ってくれました。

未来交流会には素晴らしいチームワークとたくさんの学びがある・ESさん

【新商品の開発・発売】

支援金額 6,193,400 円／目標金額３００万円

「若尾社長には心から深く感謝をしております。若尾社長が熱心に未来交流会の枠を超えて自分のことの様に拡散して下さり、尽力してくださったおかげで、沢山の方々に認知されてご支援を賜りました。若尾社長、そして未来交流会は、素晴らしいチームワークと、沢山の学びがあります。これから更に飛躍したい方々には、素晴らしい場所だと思います」とESさん。

「最後まで諦めずに頑張ることが大切」と教えられた・MHさん

【夢を叶える女性のためのイベントを盛り上げたい】

支援金額 315,000 円／目標金額30万円

「若尾先生にはリターン商品のアドバイスや『達成できる可能性がまだまだあるので最後まで諦めずに頑張ることが大切』だと励ましていただき、感謝しております」とMHさん。

未來交流会のリアル交流会での出会いもよかった・KNさん

【メモリアルコンサート開催】

支援金額 210,000 円／目標金額20万円

「生演奏を楽しく非日常体験型メモリアルコンサート開催のためのプロジェクトに挑戦。クラファンのことは当初は何もわからなかったが、若尾先生にコンサルでいろいろ教えいただき参考になりました。未來交流会のリアル交流会（オフ会）で知り合い、Xで応援していただけたのも拡散できてよかったです」とKNさん。

未来交流会で具体的なアドバイスをもらえた

【知人の整体の技術書な出版費用補填のため】
支援金額 2,139,000円／目標金額１５０万円
YMさん――クラファンのプラットフォームについてや、時期・期間などについて、具体的なアドバイスがもらえ、つどつど疑問があるとアドバイスをもらえました。
KWさん――未来交流会にはクラファンに挑戦されている方がたくさんいらしたので、人の困っていることや解決方法など、まわりの人たちのアドバイスがとても役に立ちました。

最後の終了の瞬間のサポートも心強かった・ＹＹさん

【病気と闘う子供の笑顔と明るい未来を支えたい】
支援金額 5,336,300円／目標金額５００万円
「ＳＮＳでの周知で困っている時にとてもお世話になりました。若尾さんだけではなく、その周りの方にも応援していただけましたし、最後の終了の瞬間に開催していたクラブハウスでの最後

の呼びかけにも入って来ていただき、心強かったです。ありがとうございました」とＹＹさん。

残り４日 達成率38％から達成・ＹＨさん

【ママたちを応援】

支援金額681,000円／目標金額60万円

「私自身がコロナになってしまい熱かあり、咳か酷く話せない時にには、皆様にお伝えしたいこともままならなかったのですが、各ＳＮＳで若尾さんが応援に来てくださり、私のかわりにお話をしていただいたりして、とても心強かったです。どうやったらプロジェクトに参加をしてくれる人が増えるか、私たちのチームのメンバーに対してアクションくださったことがとても嬉しかったです。残り４日で達成率38％と苦戦していましたが、そこから奇跡的に達成することができました」とＹＨさん。

未来交流会で親身に相談にのってもらえてよかった・ＫＹさん

【家のない子供たちを応援】

支援金額943,133／目標金額80万円

「家のない子供達に笑顔を届けたいとの想いでプロジェクト実施しました。とても勉強になりました。未來交流会で親身に相談にのってくださりアドバイスいただけてよかったです」とＫＹさん。

第9章

著者自身がプロジェクトに挑戦してみた

（若尾拓之のクラウドファンディング実体験）

本書の出版にあたり、「一人でも多くの人に本書を読んでいただきたい。そして、たくさんの人にクラファンに挑戦し、夢を叶えてもらいたい」と思いました。

「そのためには書籍の広告宣伝が大事なので、私自身が広告宣伝費を集めるためのクラファンのプロジェクトに挑戦しよう」と考えました。

私は38組のクラファンのプロジェクトをサポートし、成功に導いてきましたが、私自身はクラファン挑戦の経験がないので、この機会に体験してみたいと思い、挑戦することを決めました。せっかく挑戦するのであれば体験したことを記録し、読者のみなさんにとってリアリティのある記事にしたいとの想いで、私自身の実体験を綴ります。

【プロジェクトの概要】

タイトル：クラウドファンディングの教科書で人生を切り開く応援がしたい
期　間：２０２４年11月24日（日）～12月31日（火）
目標金額：５００万円
目　的：『世界一わかりやすいクラウドファンディングの教科書』を多くの人に読んで夢を叶えてもらうため、広告宣伝費を支援してもらいたい

【準　備】

１　戦略の策定
２　戦術の策定
３　プロジェクトの概要を策定：タイトル、内容、期間、目標金額、リターン
４　事前告知
（１）知人へのメール・ＳＮＳメッセージなどでの直接的アプローチ
（２）ＳＮＳ・メルマガなどによる告知

《１　戦略の策定》

目標…クラファンのコンサルタントとしての知名度向上とブランド確立
手段…クラファンを活用し、最新刊をプロモーションに利用
対象…30代以上の経営者・起業家
ペルソナ（理想的な対象者像）は、起業３年目の55歳女性起業家。家族がありクラファンに興味のある人
計画…３段階のステップで進める

◆第１段階◆

自身のクラファンプロジェクトを実施し、成功事例を作る
期待を超える支援金額を集めることで、認知度を向上

◆第2段階◆

書籍『世界一わかりやすいクラウドファンディングの教科書』を出版

成功事例を掲載し、コンサルタントとしての信頼性を高める

◆第3段階◆

専用オフィシャルサイトの開設と自社サイトのリニューアル

広告宣伝や出版記念パーティー、オンライン講演会を通じたプロモーション

《2 戦術の策定》

(1) ストーリー作り

ストーリーがプロジェクトの核となり、多くの人に共感を呼びます。自身の経験や成功事例を基にしたストーリーは、信頼性と感情的なつながりを強化します。また、ストーリーを視覚的に表現するための画像や動画を追加することで、より効果的にします。

(2) 対象の層

明確なターゲット設定は重要。特に起業3年目の53歳女性起業家に焦点を当てることで、ニッチな市場にアプローチします。

(3) 告知手段

多様な告知手段を用意することで、広範囲なリーチが期待できます。

⑷ プラットフォームの検討

総合的に判断して campfire 社のプラットフォームを選択しました。
選択理由は下記の通りです。

①ＩＴに強い企業であり、インターネットのパワーを持っている
②知名度
テレビＣＭに有名タレントを起用したことなどにより、多くの人々に認知されている
③信頼性
テレビＣＭ等の広告宣伝の力などによりブランドイメージが高い
④使い勝手の良さ
Ｘ・Facebook 等で簡単にシェアできる
「お気に入りボタン」の機能が使いやすく、活動報告で継続的に情報提供できる
⑤私が主催するオンラインサロン『若尾拓之 未来交流会』と親和性が高い
私は経営者コミュニティであるオンラインサロン『若尾拓之 未来交流会』を主催しています。そのプラットフォームが campfire 社なので親和性が高く、未来交流会会員の人たちも利用方法に慣れています。

⑸ 推薦者

権威ある推薦者の存在は、信頼性を大いに高めます。推薦者とのフェイスブックライブでの

インタビューを活用し、支持を視覚的に示します。

推薦者は、若尾拓之と関係の深い人たちの中から、社会的評価が高く知名度があり、共感力・応援力のある、タイプの異なる2人を選び依頼しました。

①立教学院前理事長の戸井田和彦さん

学校法人立教学院前理事長、株式会社ファルテック（東証一部上場）元代表取締役会長、日産自動車株式会社元常務、現在は三井金属鉱業株式会社取締役会議長、オンラインサロン「若尾拓之 未来交流会」顧問。日産自動車で常務に抜てき。赤字企業をまかされ東証一部上場企業に成長させました。立教学院理事長時代は立教大学を「コロナ対応が上手だったと思われる大学」ランキング2位に導きました。優しい気さくな人柄で老若男女問わず人気が高く、『共感力』をベースにした講演が大好評。

私が主催するオンラインサロン『若尾拓之 未来交流会』顧問で、大学・会社員時代の先輩。優れた経営者で卓越したビジネスセンスがあるため、ビジネスの凝縮したカタチであるクラファンの推薦者として最適と考えました。

②バリのアニキ

バリのアニキこと丸尾孝俊さん。オンラインサロン「若尾拓之 未来交流会」会員。堤真一主演映画「神様はバリにいる」主人公のモデル。オンラインサロン「アニキリゾートライフ」主催。著書多数。関連会社31社（従業員5千数百名）、バリを中心にアジアに不動産資産数百ヘクタール、数十件の自宅を所有。学校、病院などを寄付、アスファルトの舗装、伝統芸能の楽団を維持・運営援助、52人の孤児の里親になるなど困っている多くの人たちに手を差し伸べています。

独自のビジネス手法が高く評価されています。あたたかい人柄で応援力が高く、熱い言葉は感動的。若尾拓之とともに未来交流会メンバーのクラファンを応援しています。応援力の高さがクラファンの推薦者に相応しいと思いました。

⑹ リターン

バリエーション豊かなリターンは、支援者の興味を引きます。価格幅の拡大と鮮度を保つ工夫も非常に良いアプローチです。

進捗状況を見ながら、リターンの内容を定期的に見直し、支援者のフィードバックを反映させることで、より魅力的な選択肢を提供できます。

⑺ サイト作成

明確で視覚的に魅力的なサイトは、支援者の関心を引きます。

⑻ 活動報告の継続的露出

定期的な活動報告は、支援者や「お気に入りボタン」を押した人たちとの関係を強化します。

⑼ カウントダウンの演出

緊張感を持たせるカウントダウンは、支援者の行動を促進します。カウントダウンに合わせた特別なイベントを設けます。

プロジェクト終了日の10日前から、残りあと○日と告知。最終日は、あと11時間、あと5時間、あと3時間、あと60分と刻んでいきました。「支援したい」と思っていても、「いつまでなのか」終了日を忘れている人が多いので、意識づけをしました。

⑽ 達成に向け、お祭り状態をつくる

臨場感を持たせることは、参加者の興味を引き続けるために重要です。集まって盛り上げの場所をつくっていくようにしました。

参加者同士の交流の場を設ける…音声SNSのXスペース・クラブハウス、フェイスブックライブ・インスタグラムライブで双方向のコミュニケーションが必要です。

⑾ 最終日のゴールの瞬間を感動の時間にする

ゴールの瞬間を共有することで、感情的なつながりが生まれます。ゴール達成後の感謝のメッセージや次のステップへの展望を示すことで、支援者との関係を長続きさせることができます。

《3 プロジェクトの概要を策定》

タイトル、ストーリー、期間、目標金額、リターン

⑴ タイトルの決定

クラウドファンディングの教科書で人生を切り開く応援がしたい

⑵ ストーリー作り

ストーリーはクラファンのプロジェクトにおいて極めて大事なもので、根幹になります。そのため、背景と自分自身の経験・実績・想いを整理してカタチにしていきました。

・主催するオンランサロン【未来交流会】会員がおこなうクラファンのプロジェクトを応援し、38組を成功に導いた。
・成功して、夢を叶え人生を切り開いていく人たちの姿を身近で見てきた。
・そして、クラファンの力を確信した。
・多くの人にクラファンを活用して夢を叶えてもらいたい。
・しかし、一般の社会でプロジェクトに成功できる人は多くない。
・クラファンのやり方がわからないまま挑戦してしまい失敗する人が多い。
・これはもったいない。
・では、やり方をわかりやすくまとめた本があれば良いのではないかと思った。
・それが発端で「世界一わかりやすいクラウドファンディングの教科書」を出版することになった。
・一人でも多くの人が本を読んで、クラファンに成功して夢を叶えてもらいたい。
・そのためには広告宣伝費が必要。
・では、広告宣伝費を集めるためのクラファンをおこなえば良いと考え、挑戦することにした。

(3) 期間

当初は10月下旬から11月末までで予定していましたが、十分な準備期間をとりたいとの想いと、12月が年末で盛り上がる時期であることなどを鑑みて期間を再検討することにしました。

クラファンの定石を踏まえ、30〜45日間の中で検討。最終日をすべての人に覚えてもらえるように12月31日（火）として、逆算して考えました。開始日は、私がアテンドを担当していた、音声ＳＮＳのＸスペースが日曜日12時30分〜だったため、それに合わせて11月24日（日）12時30分開始で39日間としました。

(4) 目標金額

クラファン・コンサルとしてのブランディングを鑑みると、納得できる支援金額を達成する必要があります。

また「若尾さんなら、すぐに達成するだろうから、私は支援する必要はない」と思われてしまうような目標金額では、数字が伸びないため、みんなが納得する大きな数字の５００万円を目標設定としました。そして、５００万円達成したらネクストゴール６００万円を設定すると決めました。

(5) リターン

① 豊富なバリエーション

Ａ：ターゲットである経営者を意識したリターンを中心に企画

書籍、出版記念パーティー（バリ島・日本全国）、Podcast 若尾の部屋への出演権利、スポンサー、若尾コンサル、キャッチコピーを命名される権利、戸井田和彦さん講演、バリのアニキ講演

Ｂ：会社員・主婦層が支援したくなるリターンも設定

食べ物（苺・米・餅）、アロマオイル、檜蒸留水スプレーセット

②価格幅の拡大

③鮮度を保ち続ける

４回に分けて徐々に追加設定。

支援者は多くの選択肢がありすぎると迷ってしまい、支援を躊躇する危険があります。また、期間を空けて次々にリターンが追加されることで、目をひき飽きさせない工夫をしました。

⑹サイト作成

コピーライティング…わかりやすく、人にそのまま伝えられる文章を心がける

文字…太字・斜め字などメリハリをつけて読みやすくする工夫をする

画像…目をひく色合いで、写真入りのインパクトあるものを多数掲載

動画…若尾自身が想いを語る動画、推薦者２人と若尾との対談動画、リターンの紹介動画などを掲載

《4 事前告知》

(1) 目標

お気に入りボタンを５００以上集める

(2) 手法

① 若尾自身が主催するオンラインサロン未来交流会の Facebook グループ等での紹介
② 知人へのメール・ＳＮＳメッセージなどでの直接的アプローチ
③ ＳＮＳ…ツイッターＸ（含むスペース）、Facebook（含むライブ）、インスタグラム（含むライブ）、スレッズ、クラブハウス…画像作成
④ メルマガによる告知
⑤ 交流会（オンライン・リアル）での紹介…専用名刺・チラシの用意
⑥ 広告…Ｗｅｂ広告

【プロジェクト期間】

準備期間では、著者自身が主催するコミュニティであるオンラインサロン『未来交流会』での告知・知人への直接的アプローチ・ＳＮＳ告知・異業種交流会等での紹介で、プロジェクト開始時点で「お気に入りボタン」の数が目標５００人を上回り６００人を超えました。「お気に入りボタン」が６００を超えた段階で、最終的に支援金額の目標を５００万円に決定し

ました。

２０２４年11月24日（日）12時30分プロジェクト開始。私が当時アテンドを担当していた、みやはらゆきこさん主催のＸスペースが日曜日12時30分〜だったため、それに合わせて予定通り11月24日（日）12時30分にキックオフしました。30分の間に、なんくるさん、アクセルさんの２人から支援があり、順調にスタートがきれました。その直後に、私主催のスペースを1時間強開催。３人から支援あり、順調に立ち上がったかと思われたが、そこから困難が待ち受けていました。

その後、若尾主催オンラインサロン『未来交流会』のコミュニティフループに投稿、Facebook 投稿・Facebook ライブ、Instagram 投稿・Instagram ライブ、Ｘ投稿・ＸスペースでのＰ Ｒ、クラブハウスでのＰＲなど連日実施。プラットフォームの機能を活用し、活動報告を毎日投稿し続けました。また、ビジネス交流会（オンラインとリアル）に参加し告知していきました。

しかし、当初の1週間は目標金額に対してスタートダッシュ期にもかかわらず期待通りには数字が伸びません。検証したところ、課題が見つかりました。

《課題》

お気に入りボタンを押してもらった６００人超えの人たちから、スムーズに支援につながっていない。

①クラファン挑戦が始まっていることに気づいていない人が多い。
②選択したいリターンがない人がいる。
③5,000円台の金額のリターンを選択して支援された人が多く、支援金額合計が伸びていない。
そこで、対策を検討しすぐに実行しました。

《対策》

①お気に入りボタンを押してもらった人たちへのSNSメッセージ強化
…11月24日にクラファンが開始したことを告知。支援だけでなくシェアによる拡散も呼びかけたました。
②リターン追加の前倒し
…第2弾のリターンを、開始6日後の11月30日から追加しました。
③高額なリターン、特にバリ島出版記念パーティーを目玉に訴求
…バリのアニキと若尾拓之との対談動画・パーティー会場であるバリのアニキ邸の動画をサイト掲載しました。

そして、結果が出ました。バリ島出版記念パーティーが人気リターンとなったのです。オリジナリティある内容でお得感もあったため、次々にバリ島をリターンに選んで支援される人が多くなり、支援金額も増えていきました。

徐々に支援金額合計も増えましたが、リターンは4回に分けて次々に追加設定するなど早め

早めに手を打っていきました。

プロジェクト期間の最後10日を切ったタイミングで、目標まで２００万円不足。へだたりは大きかったですが、想定の範囲内で考えていたため焦りはありませんでした。

プロジェクト終了日の前までには支援しようと思っている人が多いと考えられるため、対策を行いました。お気に入りボタンを押している人たちに対して、あらためてプロジェクト終了予定日を連絡していくと同時に、campfire の機能の活動報告で時間を決めて予約投稿とＳＮＳでカウントダウンを行いました。

お気に入りボタンを押しただけでまだ支援されていない人たちは宝の山。ここから何人に気づかせ、何人の心を動かすことができ、そして何人に支援してもらえるかがカギだと考えたのです。なぜなら、お気に入りボタンを押す段階で支援の意思は多かれ少なかれあるので、支援の可能性は大きいと思ったのです。

活動報告は支援された方・お気に入りボタンを押した方にメールが届くので、周辺の情報を毎日伝えていきました。

たとえば、私が２０２５年版も『ＴＶスター名鑑』に掲載されたので、「私、若尾拓之が【ＴＶスター名鑑２０２５】の文化人部門に掲載されました。『クラウドファンディング研究家』として紹介されています。今まで多くの方のクラファンの応援をしてきたことが認められて、とても嬉しいです」というニュースも伝えました。反響が大きく、ブランディング上プラスになりました。

そして、期限2日前の12月30日(月)1時45分に達成! 達成の喜びの気持ちはもちろんありましたが、ほっとした気持ちのほうが大きかったです。そして、まだ通過地点だと考え、あえて気持ちをゆるめることはしません。なぜなら、プロジェクトは終わっておらず、そこから最終日の締切時間までが勝負だと知っていたからです。

達成前からネクストゴール600万円の画像などを準備していて、さっそく活動報告とSNSで達成の報告・御礼とネクストゴールに向けて、支援と拡散の更なるお願いを開始。さらにプロジェクトはパワーアップしました。そして、2024年12月31日23時59分22秒にネクストゴール600万円達成できました。なんと残りわずか38秒のタイミングでの達成は本当に感動しました。

12月31日22時30分から始まったなんくるさん主催のXの応援スペースでは、大晦日の深夜にもかかわらず、Xスペースに多くの方に集まってもらい、「どうすればネクストゴールも達成できるか」真剣に議論するなど盛り上がりました。そして、最後は感動の時間を共有できました。ネクストゴール達成後すぐに、みんなでカウントダウンをし、2025年を迎えられて感激しました。

多くの方が自分のことのように喜んでもらえて、ほんとうに嬉しかったです。125名の人にリプレイでも聴いてもらえたのです。

結果として、達成後の最後2日弱だけで56人から1,014,280円支援があったことになります。気を引き締めて、最後まで走り切ったことが良い結果につながったのです。これからは恩返し・恩送りのつもりで、みなさんに喜んでいただける様に、私が応援していきたいです。ご支援・応援いただいたみなさん、ありがとうございました。心より感謝しております。

【プロジェクト成功の条件】

プロジェクト終了後に気づいた成功の条件は下記の通りです。

1 準備が9割…戦略・戦術の立案、プロジェクト企画、準備期間での活動ですべてが決まる

2 順応性をもつ…状況に応じて臨機応変に対応することが必要

3 PDCAをまわす…プロジェクトを進める中で、計画・実行・評価・改善を早め早めにおこなうことが必要

4 成功イメージを持つ…自分を信じ成功するイメージを持つ

5 諦めない…最後の1秒まで絶対に諦めない強い気持ちを持つ

6 一人では勝てない…まわりを巻き込み、応援してくれる仲間を増やす活動が必要不可欠

【支援の推移】

11/29㊎　542,649円／11%
12/4　㊌ 1,064,307円／21%
12/14㊏ 2,227,872円／45%
12/22㊐ 3,260,884円／65%
12/27㊎ 4,002,159円／80%
12/30㊊ 5,005,411円／100%（12/30 1:45）
12/31㊋ 6,019,691円／120%（12/31 23:59）

【リターン】

■第一弾・11月24日開始時

・ただただ応援　感謝メール：5,000円
・ただただいっぱい応援　感謝メール：30,000円
・ただただ思いっきり応援　感謝メール：100,000円
・若尾拓之著書『クラウドファンディングの教科書』1冊：5,555円
・若尾拓之著書『クラウドファンディングの教科書』5冊：20,000円
・若尾拓之著書『クラウドファンディングの教科書』10冊：38,000円
・若尾拓之著書『クラウドファンディングの教科書』30冊：100,000円
・出版記念パーティー 東京会場（書籍付き）：17,000円（2025年4月開催予定）
・出版記念パーティー 名古屋会場/大阪会場(書籍付き）：15,000円(2025年4月開催予定)
・出版記念パーティー札幌会場/仙台会場/広島会場/福岡会場/那覇会場（書籍付き）：13,000円（2025年3月～5月開催予定）
・バリのアニキ特別コラボ企画出版記念パーティー バリ島会場：99,999円(2025年7月開催予定)
・スタンド花を出版記念パーティーに贈ろう（お名入れいたします）：35,000円（2025年3月～6月予定）
・胡蝶蘭を出版記念パーティー（お名入れいたします）：80,000円（2025年3月～6月予定）

⬉

・出版記念パーティーでのサポートスタッフになる権利（打ち上げ会）：20,000 円（司会・受付など／ 2025 年３月～６月 開催予定）
・シルバースポンサー：50,000 円
『クラウドファンディングの教科書』専用オフィシャルサイトに会社名や個人名を１年間記載。出版記念パーティー（希望の会場）に１名さまご招待
・ゴールドスポンサー：100,000 円
『クラウドファンディングの教科書』専用オフィシャルサイトに会社名や個人名を２年間記載。出版記念パーティー（希望の会場）に２名さまご招待
・プラチナスポンサー：300,000 円
『クラウドファンディングの教科書』専用オフィシャルサイトに会社名や個人名を３年間記載。出版記念パーティー（希望の会場）に５名さまご招待
・ダイヤモンドスポンサー：500,000 円
『クラウドファンディングの教科書』専用オフィシャルサイトに会社名や個人名を５年間記載。出版記念パーティーでのスピーチ。出版記念パーティー（希望の会場）に 10 名さまご招待
・戸井田和彦さんと若尾拓之　コラボオンラインセミナー：10,000 円
・バリのアニキこと丸尾さんと若尾拓之　コラボオンラインセミナー：10,000 円

■第２弾・１１月３０日開始
・新潟産イチゴ越後姫 300g　8,888 円
・みやはらコーヒー琲１袋（50g）：7,777 円
・アロマ香りセット：8,888 円
・南郷檜蒸留水スプレー等ひのき豪華３点セット：19,800 円
・若尾拓之出版記念「オンライン個別コンサル（90 分）」：50,000 円
・若尾拓之出版記念「リアル個別コンサル（90 分）」：100,000 円

■第３弾・12 月６日開始

・新潟産お米「コシヒカリ」白米（5kg）　8,888 円
・Podcast の番組『若尾の部屋』へのゲスト出演の権利：30,000 円
・若尾拓之出版記念特別オンライン勉強会「クラウドファンディング成功の秘密」：10,000 円

■第４弾・12 月 11 日開始

・５つの味の「ステックお餅」５種類セット 9,999 円
・若尾拓之をオンラインセミナーの講師に呼ぶ権利：200,000 円
・若尾拓之をリアルセミナーの講師に呼ぶ権利：400,000 円
・キャッチコピーをつけますブランディングセッション（60 分）29,990 円

【主な SNS でのライブ配信】

① Facebook ライブ…36 回

最新刊とクラファンの推薦者・私が応援したクラファン成功者たち・リターン品提供者・そして応援者たちと一緒に Facebook ライブを連日開催

11/21・11/24 バリのアニキ（推薦者）
11/23・11/30 戸井田和彦さん（推薦者）
11/25 山口亮子さん（クラファン成功者に聞く）
11/26 佐々木健一さん（クラファン成功者に聞く）
11/27 千葉起子さん（クラファン成功者に聞く）
11/27 千葉祥子さん
11/29 もりかずえさん（クラファン成功者に聞く）
11/30 渡辺千秋さん（クラファン成功者に聞く）
11/30 茂山千三郎さん（クラファン成功者に聞く）
11/30 野田直裕さん（クラファン成功者に聞く）
12/1　マッハさん（クラファン成功者に聞く）
12/1　竹之下乃子さん（クラファン成功者に聞く）

12/2　佐藤美季さん（クラファン成功者に聞く）
12/2　牧みずほさん（クラファン成功者に聞く）
12/5　畑中映理子さん（クラファン成功者に聞く）
12/7　村山恭平さん（リターン提供者）
12/10 瑞鳳澄依さん（クラファン成功者に聞く）
12/10 岡田正宏さん（リターン提供者）
12/20・12/27 西出ひろ子さん
12/13・12/19 橋本剛さん
12/15・12/29 佐々木たかしさん（リターン提供者）
12/15・12/19・12/29 村上麗奈さん
12/16 永田のぶ子さん（クラファン成功者に聞く）
12/17 原和子さん（カオリ乃さん リターン提供者）
12/18 田村武晴さん（クラファン成功者に聞く）
12/28 池内ひろ美さん
12/28 清水文子さん
12/28 西村容子さん
12/29 ハーディマン則子さん

② Instagram ライブ…２回

12/3 マッハさん・山田紀代美さん
12/7　林俊二さん・山口亮子さん・山内誠さん（横浜市星川商店会役員。クラファン成功者）

③Ｘスペース（音声 SNS）

《若尾拓之主催》
11/24 ～ 12/29 毎週日曜日実施
12/21・12/24・12/25
12/29 ゲスト：バリのアニキ
12/14・12/29 ゲスト：バリのアニキ

《ゲスト出演》
10/6 〜 12/29 みやはらゆきこさん、毎週日曜日で若尾がアテンド
12/2・12/10 とんかつさん
12/5 石津ヒロシさん
12/7・12/28・12/29・12/31 なんくるさん
12/8　りょうさん
12/11・12/20・12/30・12/31 るいさん
12/31 村上麗奈さん
12/22・12/22 古藤快さん
12/23 カオリ乃さん
12/26 塩見智子さん・ういままさん
12/30 ロトさん・空さん
12/9・12/31 村上麗奈さん
最終日 12 月 31 日は、14 時〜村上麗奈さんスペース、17 時〜るいさんスペース、22 時 30 分〜なんくるさんスペースで盛り上げてもらった。
最後のなんくるさんスペースでは下記の人たちがリプを書いて盛り上げていただきました。ありがとうございました。
《リプを書かれた人》
なんくるさん、双葉理央さん、村上麗奈さん、佐々木たかしさん、臼井正己さん、るいさん、みお先生、みやはらゆきこさん、ロトさん、LAKO さん、橋本剛さん、ひろパパさん、かえさん、和知京助（わっちーさん)、すよみんさん、こきちさん、森本晃次さん、絆さん、たくわん先生、キセキさん、くーみんさん、キセキさん、リアンさん、青森南部弁アラタさん、ekoro さん , 友 nori さん、あっきーさん、仮面ライダーアギトさん、まっさん、アリエリスさん

④クラブハウス（音声ＳＮＳ）

《若尾拓之主催ルーム》
12/15・12/21・12/24・12/25
12/29　ゲスト：バリのアニキ

《ゲスト出演ルーム》
11/19『グローバル共和国』大田勉さん・渡邊美佐子さん
11/22『朝５時の新定番』石田輝樹さん・岡本正さん
11/25『朝から引き寄せ』千葉祥子さん・鷲岡志保さん、山田奈津さん
11/28『日本人は世界一』天山鶴さん・末広信子さん・佐伯栄子さん
12/2 『クラブハウスの歩き方』大西恵美さん
12/26『哲学カフェ』松本美紗子さん
12/28 小野綾子さん・渡邊美佐子さん

《特に応援いただいた皆様》順不同
【事務局でサポート】
双葉理央さん…未来交流会事務局兼秘書としてプロジェクトサポート
山田起代美（きよみん）さん…未来交流会事務局としてサポート
中西貴大さん…動画制作などでサポート
【ＳＮＳ等で応援】
千葉祥子さん、みやはらゆきこさん、村上麗奈さん、並里康忠（なんくる）さん、佐々木たかしさん、塩見智子さん、ういままさん、石津ヒロシさん、鷲岡志保さん、しっぽさん、天佑吏佐さん、熊澤亜里沙さん、臼井正己さん、井ノ口清一さん、るいさん、さとうりなっちさん、ゆっけさん、まっさん、みお先生、湊美喜さん、tenten さん、古屋真由美（Silk）さん、稲葉江津子さん、野田直裕さん、ロトさん、市川弘美さん、ばんけいさん、LAKO さん、森井征五さん、アクセルさん、なっしーさん、津本美千子さん、わっちーさん、帆足二郎さん、斎藤貴志さん、鹿股幸男さん、橋本剛さん
【リターン提供などで応援】
戸井田和彦さん、バリのアニキ、村山恭平さん、佐々木たかしさん、カオリ乃さん、みやはらゆきこさん、岡田正宏さん、寺澤朋之さん

その他多数の方たちから応援いただきました。ありがとうございました。あらためまして皆様のおかげでクラファンに達成できました。心より感謝致します。

あとがき

本書を手に取っていただき、最後までお読みいただき誠にありがとうございます。
クラファンは、単なる資金調達の手段を超えた、支援者との新しいつながりを生む仕組みです。アイデアがカタチになる過程での支援者との交流、フィードバックを通じての改善、そして共にプロジェクトを成功に導く喜びは、クラファンならではの体験です。本書を通じて、その魅力と可能性を感じていただけたなら嬉しく思います。

これまでに紹介した実践的な手法や成功事例は、あなた自身のプロジェクトに活用できるはずです。

しかし、最も大切なのは「支援者との関係を築く」という心構えです。クラファンはお金を集めるだけでなく、共感してくれる仲間を見つけ、信頼を得る場です。
この信頼こそが、プロジェクトの成功と、その後のあなた自身の成長、そしてあなたの事業の発展を支える最大の財産になります。

クラファンを始めることは、最初の一歩に過ぎません。その後の道のりは学びの連続です。失敗を恐れず、挑戦し続けることで、あなたは新たな可能性を広げていくでしょう。

最後に、この本があなたの夢の実現に向けての一助となれば、これ以上の喜びはありません。ぜひ、あなたのクラファン・プロジェクトが成功し、多くの人々に感動や価値を届けられることを心から願っています。

これからのあなたの挑戦に、幸運が訪れますように。

株式会社未来総合研究所　代表取締役

若尾　拓之

若尾拓之（わかお ひろゆき）プロフィール

（株）未来総合研究所代表取締役社長、クラウドファンディングコンサルタント、元 立教大学 経営学部兼任講師、著者、講演家。

立教大学経済学部経営学科卒業後、日産自動車等の上場企業3社に勤務。日産宣伝部時代には元大リーガーのイチローを世界初テレビCM起用するなど多くのヒットCMを担当。

大病で死に直面し人生観が180度変わったことから2007年に起業。

立教大学経営学部では兼任講師としてビジネス・リーダーシップ・プログラムの講義を4年間担当。

現在、未来総合研究所ではコンサルティング・研修企画・講師の紹介、経営者交流会等のイベント主催。

著者プロフィール

若尾自身も経営コンサルタントとして活躍。大学・自治体・企業などで講演多数。著書は国内外で計13冊あり、「未来に向けてスッキリ整理する!『新エンディングノート』(秀和システム)」は６刷になっている。「ＴＶスター名鑑２０２５」で『クラウドファンディング研究家』として紹介されるなど、コメンテーターとしてメディア出演多数。

２０２０年６月からは、経営者たちのコロナからのＶ字回復応援のため、オンラインサロン大人の大学『若尾拓之 未来交流会』開始。

サポートしたクラファンは38勝。若尾自身もクラファンに挑戦し２０２４年12月、支援金額６００万円超え達成率１２０％で成功。

若尾拓之リットリンク↓

平成出版 について

本書を発行した平成出版は、基本的な出版ポリシーとして、自分の主張を知ってもらいたい人々、世の中の新しい動きに注目する人々、起業家や新ジャンルに挑戦する経営者、専門家、クリエイターの皆さまの味方でありたいと願っています。

代表・須田早は、あらゆる出版に関する職務（編集、営業、広告、総務、財務、印刷管理、経営、ライター、フリー編集者、カメラマン、プロデューサーなど）を経験してきました。そして、従来の出版の殻を打ち破ることが、未来の日本の繁栄につながると信じています。

志のある人を、広く世の中に知らしめるように、商業出版として新しい出版方式を実践しつつ「読者が求める本」を提供していきます。出版について、知りたいことや分からないことがありましたら、お気軽にメールをお寄せください。


book@syuppan.jp 平成出版 編集部一同

ISBN978-4-908127-19-9 C0036

世界一わかりやすい
クラウドファンディングの教科書

令和７年（2025）４月６日 第１刷発行
著　者　**若尾　拓之**（わかお・ひろゆき）
発行人　須田早
発　行　**平成出版**　株式会社
〒104-0061 東京都中央区銀座７丁目13番５号
ＮＲＥＧ銀座ビル１階
TEL 03-3408-8300　FAX 03-4363-8647
平成出版ホームページ https://syuppan.jp
メール：book@syuppan.jp

編集協力／安田京祐、大井恵次
制作協力・本文 DTP ／ P デザイン・オフィス
Print ／ OOku